FRAUDE À EXECUÇÃO

P397f   Peña, Ricardo Chemale Selistre
         Fraude à execução / Ricardo Chemale Selistre Peña. –
         Porto Alegre: Livraria do Advogado Editora, 2009.
         148 p.; 23 cm.
         ISBN 978-85-7348-607-0

         1. Fraude de execução. 2. Fraude contra credores. I. Título.

                              CDU – 347.952

         Índices para catálogo sistemático:
         Fraude de execução   347.952
         Fraude contra credores   347.952

         (Bibliotecária responsável: Marta Roberto, CRB-10/652)

Ricardo Chemale Selistre Peña

FRAUDE À EXECUÇÃO

Porto Alegre, 2009

© Ricardo Chemale Selistre Peña, 2009

Capa, projeto gráfico e diagramação
Livraria do Advogado Editora

Revisão
Rosane Marques Borba

Direitos desta edição reservados por
Livraria do Advogado Editora Ltda.
Rua Riachuelo, 1338
90010-273 Porto Alegre RS
Fone/fax: 0800-51-7522
editora@livrariadoadvogado.com.br
www.doadvogado.com.br

Impresso no Brasil / Printed in Brazil

Dedico este trabalho à minha família, que tanto apoiou e incentivou o meu crescimento profissional.

Agradecimentos

Aos meus pais, Roberto e Vânia, pela filosofia de vida passada, pelo amor dedicado na minha criação e por tudo que ainda fazem por mim.

Ao meu irmão, Eduardo Chemale Selistre Peña, estudioso do direito processual, pelo incentivo, paciência e disposição para debater sobre o tema, objeto deste estudo.

À Luciana Moraes, porque sem o seu companheirismo e sem sua compreensão nos momentos de dedicação ao presente trabalho, não haveria inspiração para o estudo.

Ao meu orientador, Professor Araken de Assis, jurista de escol e processualista de conhecimento admirável, pela confiança em mim depositada, pelas críticas profundas e fundamentadas e, acima de tudo, pelo carinho e incentivo.

Ao colega Daniel Mitidiero, advogado brilhante, processualista de notório saber, por todo o apoio.

Prefácio

Em evolução plasmada pelo princípio da dignidade da pessoa humana, a realização dos créditos pecuniários em juízo atinge tão-só os bens do obrigado. Tal limitação se exprime no princípio da responsabilidade patrimonial, pioneiramente mencionado no art. 591 do CPC, e, hoje, expresso também no art. 391 do CC de 2002. Nessa conjuntura, o êxito da atividade judicial tendente a realizar tais créditos dependerá da existência de patrimônio. Por outro lado, no comércio jurídico não é incomum, por força do instinto de sobrevivência pessoal e da família, o obrigado reservar alguns bens para atender suas necessidades próprias ou da respectiva família, em vez de empregá-los na solução das suas dívidas. Esse comportamento natural é considerado reprovável à vida em sociedade e reprimido por um instituto universal – a fraude contra credores. E, ocorrendo o ato de subtração de algum bem na pendência do processo judicial, a atitude assume tons mais fortes e graves, porque arrosta a autoridade do Estado. O comportamento do obrigado, neste caso, recebe o rótulo de fraude contra a execução.

Trata-se de assunto assaz relevante, como se percebe facilmente, mas despertara interesse relativo, entre nós, até pouco tempo. Além disso, a disciplina da fraude contra a execução, no direito brasileiro, revela-se singular e, num ponto capital do seu regime, inteiramente discrepante dos ordenamentos estrangeiros. Realmente, os negócios jurídicos de disposição do obrigado já se revelam ineficazes – quer dizer, mostram-se transparentes, é como se não existissem – perante o autor da demanda em juízo a partir da citação do devedor, não se exigindo, como sucede alhures, a constrição judicial do bem para semelhante efeito. A falta de compreensão dessa disciplina conduziu alguns intérpretes a rumos falsos e há de ser remarca como ponto central de qualquer estudo sério na matéria.

O tema da fraude à execução mereceu de Ricardo Chemale Selistre Peña, um dos promissores valores da Escola Processual formada na PUC/RS, uma bem-avaliada dissertação. Partindo do princípio da responsabilidade patrimonial, o autor distinguiu, corretamente, os casos de responsabilidade primária e secundária e, a seguir, inseriu o instituto no plano da eficácia, afastando-o do plano da validade. Além da correção técnica, Ricardo resolveu os problemas concernentes à fraude com o auxílio de sua larga e intensa experiência como advogado.

Trata-se, portanto, de livro útil a todos que se interessem pela aplicação do instituto nos processos judiciais, como se exige, aliás, de obra de direito. É com ânimo leve que apresento o livro agora editado aos leitores, convicto que nele encontrarão soluções nítidas para os problemas da vida.

Araken de Assis
Professor Titular da PUC/RS
Doutor em Direito pela PUC/SP
Desembargador do TJRS

Sumário

1. Introdução 13
2. Patrimônio e responsabilidade 17
3. Responsabilidade patrimonial e responsabilidade processual 23
4. Responsabilidade patrimonial primária e secundária 25
5. A relação entre o instituto da fraude à execução e a efetividade do processo .. 29
6. Existência, validade e eficácia do negócio jurídico 33
7. A fraude à execução 39
   - 7.1. Denominação do instituto 39
   - 7.2. O instituto da fraude à execução no ordenamento brasileiro: breve histórico 40
   - 7.3. A fraude à execução no direito comparado 42
     - 7.3.1. Direito Alemão 43
     - 7.3.2. Direito Português 45
     - 7.3.3. Direito Italiano 49
     - 7.3.4. Direito Espanhol 56
   - 7.4. Conceito do instituto da fraude à execução 57
   - 7.5. Fraude à execução e fraude contra credores: semelhanças e conflitos 58
   - 7.6. Situações configuradoras da fraude à execução: tipicidade 69
     - 7.6.1. Pressupostos gerais 70
       - 7.6.1.1. Alienação ou oneração de bens 70
       - 7.6.1.2. Litispendência 72
     - 7.6.2. Pressupostos Específicos 80
       - 7.6.2.1. Litigiosidade sobre bem em decorrência de ação fundada em direito real 80
         - 7.6.2.1.1. A questão da inscrição da citação no registro imobiliário e o ônus da prova quanto à fraude à execução 83
         - 7.6.2.1.2. Alienações sucessivas de bem objeto de ação fundada em direito real 86
       - 7.6.2.2. Insolvência 87
     - 7.6.3. Outros casos de fraude à execução 89
       - 7.6.3.1. Atos de alienação ou oneração após a inscrição da dívida ativa ... 90

7.6.3.2. Alienação dos bens penhorados, arrestados ou seqüestrados 96
   7.6.3.2.1. A questão do registro da constrição judicial de bem imóvel e o ônus da prova 102
   7.6.3.2.2. Alienações sucessivas do imóvel constrito 106
7.6.3.3. Transferência da impenhorabilidade da residência familiar 107
7.6.3.4. A quitação fraudulenta por terceiro em conluio com o devedor na penhora de crédito 108
7.6.3.5. Fraude após a averbação do ajuizamento da ação de execução ... 109
8. Procedimentos e efeitos da declaração de fraude à execução 113
9. A posição do terceiro adquirente em face da execução 125
  9.1. Adquirente da coisa litigiosa 126
  9.2. Adquirente de bem cuja transmissão provocou a insolvência do executado e o adquirente de bem constrito judicialmente 128
  9.3. O adquirente e a questão da impenhorabilidade do bem de família 129
  9.4. O subadquirente 129
10. Demais efeitos da declaração da fraude à execução 131
  10.1. Fraude à execução como ato atentatório à diginidade da justiça 131
  10.2. Fraude à execução no Código Penal 133
11. Conclusões 137
Referências bibliográficas 143

1. Introdução

O processo de construção desta pesquisa deve-se à crença de que a universidade tem a obrigação de buscar conhecer a realidade que a cerca à procura de novas respostas para velhos problemas. O pesquisador do direito deve trazer do mundo das idéias a aplicação prática do estudo desenvolvido, de forma a colaborar com a solução dos problemas que afligem os destinatários da norma.

Neste sentido, a busca de um processo civil efetivo é tema dos mais atuais, embora, há muito, estudiosos do direito dele se ocupem. Não é de hoje que o processo vem se caracterizando como instrumento moroso, inábil à prestação de uma justiça célere e eficaz, a ponto de, já em sua época, Rui Barbosa ter proferido frase que se tornou celebre: "A justiça atrasada não é Justiça, senão injustiça qualificada e manifesta".

Giuseppe Chiovenda foi o primeiro a idealizar a efetividade como escopo maior do processo, celebrizando a seguinte frase: "Il processo deve dar per quanto possible praticamente a chi há un diritto quello e propio quello ch"egli há diritto di conseguire".[1]

Evidentemente, de nada vale ser vencedor numa demanda sem que o vencedor "concretize" seu direito face ao vencido. A mera satisfação moral de uma sentença favorável não é o suficiente. O vencedor quer que o vencido cumpra a obrigação ou lhe pague o equivalente, mas, se este último não faz isso espontaneamente, em muitos casos fica a obrigação incumprida ou o débito impago.

Sendo o patrimônio do devedor a garantia de seus credores, é fácil constatar que a principal razão para a crise do processo de execução é, basicamente, econômica. Ou seja, se o devedor não possuir bens penhoráveis, o crédito se mostrará irrealizável. Nestes casos, a inexistência de meios processuais capazes de permitir que o cre-

---
[1] CHIOVENDA, Giuseppe. *Instituições de direito processual civil.* Campinas: Bookseller, 1998, v. 1, p. 67.

dor, assim reconhecido por título executivo judicial ou extrajudicial, tenha seu direito concretizado permite que se diga que não existe mecanismo na legislação brasileira capaz de solucionar essa questão. Evidentemente, essa situação vem acompanhada por um descrédito no Poder Judiciário, representante do Estado, na prestação da justiça.

Se na hipótese de inexistência de bens, por enquanto, não há remédio jurídico disponível, situação diversa ocorre quando a inexistência de bens foi "provocada" pelo devedor, por meio da alienação ou oneração de bens, de forma a frustrar a execução. O Código de Processo Civil brasileiro, no art. 593 e incisos, prevê os casos em que esses atos são considerados em fraude à execução.

Peculiar ao Direito brasileiro, o instituto da fraude à execução não encontra similar no Direito Comparado e, embora apresente requisitos e características que o distinguem da fraude contra credores, costuma ser apontado pela doutrina como sendo uma "especialização" do instituto da fraude pauliana.

A fraude à execução é um tema que ocupa largo espaço na província da antijuridicidade e, como tal, vem sendo coibida não somente em nível processual como também no plano do direito criminal.

Mais do que uma garantia à satisfação do direito da parte, o instituto da fraude à execução representa a vedação do sistema jurídico à prática de atos de esvaziamento do patrimônio pelo devedor, citado em demanda judicial. É, pois, uma forma de assegurar a própria eficácia do processo e a plenitude da prestação da tutela jurisdicional.

O instituto da fraude à execução atormenta os intérpretes da lei e os figurantes nas relações negociais. Em relação aos negócios, a dúvida ronda os contratos de compra e venda, bem como as hipotecas dadas em garantia a contratos de mútuo, porque estas têm sido atingidas na sua essência.[2] Daí, o enorme interesse sobre o tema.

Em verdade, ocorre que há um novo ambiente sociológico, no qual ser devedor já não é mais um defeito moral. Não pagar os débitos não é mais um sinal de desonra.

Afora isso, a dignidade da pessoa humana, a liberdade individual e o respeito à vida privada tornaram-se dogmas, de forma a tornar a posição do devedor extremamente vantajosa, refletindo diretamente no processo judicial e principalmente no processo de execução. Por isso, assevera Moniz de Aragão que "às vezes a do-

---

[2] ERPEN, Décio. A Declaração da fraude à execução: conseqüências e aspectos registrais. *Revista dos Tribunais*, São Paulo, v. 81, nº 675, 17-20, jan. 1992, p. 17.

çura na interpretação e aplicação da lei incentiva a não pagar, sim a litigar".³

Não há dúvidas que se o processo de conhecimento é cheio de incidentes supérfluos, a execução não é menos referta de atos realmente desnecessários, que favorecem o devedor impontual. Em ambos os procedimentos, é possível constatar que atos de disposição do patrimônio pelo devedor visando a impedir os efeitos da responsabilidade patrimonial são uma constante.

A efetividade do processo deve ser sempre buscada, enquanto não prejudique os conceitos basilares de justiça, de bom-senso e as garantias constitucionais, não sendo tolerada a utilização do processo como meio de procrastinação, pois contraria o próprio espírito da norma, que é o de dar a cada um o que de direito, de forma útil, eficaz e em razoável período de tempo.⁴

E foi buscando dar essa efetividade ao processo que o legislador brasileiro, de forma original e sábia, teve a felicidade de criar o instituto da fraude à execução de maneira mais maleável e eficaz do que a tradicional fraude pauliana do direito civil.⁵ Trata-se de eficaz mecanismo capaz de conceder ao processo a tão almejada efetividade.

Se o devedor desvia, quando já pendente o processo judicial, os bens necessários a que a prestação jurisdicional consuma sua tarefa, a reação imaginada pelo legislador pátrio é muito mais simples, enérgica e eficaz do que a da ação pauliana. O processo simplesmente ignora o efeito da alienação. Para o processo pendente, o bem é havido como se não houvesse saído do patrimônio do devedor. Adota-se, dessa forma, o mecanismo da ineficácia. A alienação não reclama a anulação ou qualquer tipo de invalidação. Ela simplesmente não opera qualquer efeito diante do processo em curso.⁶

Tem sido praxe que os magistrados, motivados por justa reclamação do litigante preterido, proclamem pura e simplesmente a ocorrência da fraude, determinando o prosseguimento da ação contra o alienante, ficando indiferentes à situação do adquirente, que por vezes agiu de boa-fé. Muitas vozes surgem então em defesa do

---

³ MONIZ DE ARAGÃO. E. D. O processo civil no limiar de um novo século. *Revista da AJURIS*, Porto Alegre, v. 26, nº 79, p. 281-300, set. 2000, p. 292.

⁴ CARPENA, Márcio Louzada. Da efetividade do processo de execução: Alterações dos arts. 652 e 737 do Código de Processo Civil. *Revista da AJURIS*, Porto Alegre, v. 26, nº 77, mar. 2000, p. 379.

⁵ THEODORO JÚNIOR, Humberto. Execução: rumos atuais do processo civil em face da busca de efetividade na prestação jurisdicional. *Revista Jurídica*, Porto Alegre, nº 251, p. 5-22, set. 1998, p. 7.

⁶ Ibidem, p. 7.

adquirente de boa-fé no sentido de que esse não pode ser prejudicado. Essa é apenas uma entre as diversas questões controvertidas que envolvem o instituto da fraude à execução. E é em razão da freqüência com que a matéria aflora nos Tribunais, recebendo tratamento diferenciado, em inúmeros julgados, que o tema foi escolhido para esta reflexão.

A proposta, neste estudo, é realizar uma análise das fontes conhecidas do direito no que concerne ao instituto da fraude à execução, com ênfase nas questões mais controvertidas, adotando-se uma postura crítica em relação às mesmas, para, ao final, sistematizar as conclusões advindas de tal atividade.

2. Patrimônio e responsabilidade

Toda pessoa tem, necessariamente, patrimônio, ainda que seja muito pobre e não possua bens de qualquer espécie.

Patrimônio, no dizer de Amílcar de Castro, "não significa riqueza, não contém apenas valores positivos, nem se confunde com esses valores: durante a existência da pessoa, aumentam seus bens, ou diminuem a ponto de, às vezes, permanecer o patrimônio como bolsa vazia".[7] O patrimônio, explica Pontes de Miranda, "está sempre *in fieri*, – bens e frutos entram, bens e frutos saem, sendo de notar-se que pode existir (e é provável que exista) núcleo de bens que permanecem ou permanecem mais".[8] A respeito dessa movimentação patrimonial, ensina Carnelutti:[9]

> [...] il patrimonio è una universitas in continuo divenire, cioè in perenne movimento di trasformazione; la sua composizione muta di continuo e, per conseguenza, il suo valore cala o cresce. Le cause di questa trasformazione sono materiali o giuridiche: vecchi beni spariscono e nuovi si formano (uma cosa crolla; um animale nasce); più cose separate vano a formare una cosa composta, o questa si scinde in più cose separate; una cosa viene venduta o viene donata; un'altra viene acquistata a titolo gratuito e a titolo oneroso.

O patrimônio é o conjunto de direitos pecuniários reais e obrigacionais, ativos e passivos, pertencentes a uma pessoa. Os direitos puros da personalidade não devem ser considerados como de valor pecuniário imediato.[10] O patrimônio, portanto, abrange todos os direitos e obrigações de seu titular apreciáveis em dinheiro.

Segundo uma regra de direito natural, que constitui um princípio elementar da compreensão humana, aquele que tem dívidas

---
[7] CASTRO, Amílcar de. *Comentários ao Código de Processo Civil*. São Paulo: Revista dos Tribunais, 1974, p. 60.
[8] PONTES DE MIRANDA, Francisco Cavalcanti. *Comentários ao Código de Processo Civil*. Rio de Janeiro: Forense, 2002, v. 9, p. 341.
[9] CARNELUTTI, Francesco. *Lezioni di diritto processuale civile*. Pádua, 1929, v. 5, p. 177.
[10] VENOSA, Silvio de Salvo. *Direito civil*: parte geral. São Paulo: Atlas, 2001, p. 256.

fica com a obrigação de pagá-las aos seus legítimos credores.[11] Nessa linha, o art. 591 do CPC dispõe que "o devedor responde, para cumprimento de suas obrigações, com todos os seus bens presentes e futuros, salvo restrições estabelecidas em lei", o que, inegavelmente, leva à conclusão de que tanto os bens existentes no momento do nascimento da obrigação quanto àqueles adquiridos depois respondem perante o credor para o cumprimento da obrigação.[12]

Tal fórmula deve ser interpretada com cautela, pois ao dizer a lei que todos os "bens presentes" do devedor respondem para o cumprimento de suas obrigações, seria possível entender que os bens existentes em seu patrimônio, ao tempo em que a obrigação se tenha formado, ficariam imobilizados, sem que o devedor tivesse o direito de aliená-los livremente. Na verdade, a constituição da obrigação, em princípio, não impede a livre circulação dos bens do devedor, desde que não se torne insolvente ao se desfazer de seu patrimônio. Neste caso, poderá valer-se o credor de alguma medida preventiva para evitar que essa insuficiência patrimonial acarrete a impossibilidade de satisfação do crédito, ou, se tal for impossível, sujeitar-se, enfim, à execução coletiva, concursal, a que concorrem todos os credores, sobre um patrimônio, em princípio insuficiente.[13]

É importante relembrar que um dos elementos constitutivos do direito de propriedade é o poder de disposição do bem pelo proprietário, o *jus abutendi*, que associado ao *jus utendi* e ao *jus fruendi*, constituem a denominada propriedade perfeita.[14] O próprio Código Civil, no *caput* do art. 1.228, assegura ao proprietário a faculdade de usar, gozar e dispor da coisa, e o direito de reavê-la do poder de quem quer que injustamente a possua ou detenha.

Afirma Washington de Barros Monteiro que "o direito de dispor, o mais importante dos três, consiste no poder de consumir a coisa, de aliená-la, de gravá-la de ônus e de submetê-la a serviço de outrem".[15]

O devedor, conforme ensina José Frederico Marques "malgrado a responsabilidade que pesa sobre seu patrimônio, direito tem de

---

[11] FADEL, Sérgio Sahione. *Código de Processo Civil comentado*. Rio de Janeiro: José Konfino, 1973, v. 3, p. 262.
[12] O art. 591 do Código de Processo Civil brasileiro repete *ipsis literis* o art. 2.740 do Código Civil italiano para o qual o devedor "risponde dell'adempimento delle obligazioni com tutti i sue beni presenti e futuri".
[13] SILVA, Ovídio Baptista da. *Curso de processo civil*. 4. ed. São Paulo: Revista dos Tribunais, 2000, p. 70.
[14] MONTEIRO, Washington de Barros. *Curso de direto civil*. São Paulo: Saraiva, 1989, p. 90.
[15] Ibidem, p. 91.

dispor do que lhe pertence, podendo resultar, daí, alienações fraudulentas em prejuízo os credores".[16]

Então surge a possibilidade de alienações simuladas, ou fraudulentas, em prejuízo dos credores. E, a remover esse inconveniente, oferece o direito modos de ser o devedor controlado na livre disponibilidade e administração de seus bens, permitindo que disponha das coisas e dos direitos compreendidos em seu patrimônio, mas evitando que prejudique seus credores.

Portanto, esse poder de disposição não é ilimitado, só é considerado lícito quando não lese terceiros e não reduza a segurança dos credores. Em último término, é a incidência no âmbito da propriedade da máxima secular: o meu direito termina onde começa o direito de outrem.

Assim sendo, "o direito do proprietário sobre os bens termina onde começa o direito do credor; se ultrapassar os limites que a lei fixa, ocorrerá ato antijurídico, que deve ser reprimido, para restabelecer o equilíbrio das relações entre ambos".[17] Daí por que afirma Humberto Theodoro Jr. "desaprovar a lei as alienações fraudulentas que provoquem ou agravem a insolvência do devedor".[18]

É que ciente da possibilidade de ocorrência de tais atos de disposição o legislador impôs limites à faculdade de disposição dos bens por parte de quem tenha assumido obrigações, ainda pendentes de cumprimento: "o ato de disposição do patrimônio não pode ser feito com o intuito de eximi-lo da responsabilidade executiva, em prejuízo dos credores. Ato dessa natureza é considerado fraudulento, cuidando o legislador de inibir seus efeitos danosos".[19]

Na lição de Alcides de Mendonça Lima, "sempre, pois, que o devedor procura desfazer-se de seu patrimônio ou desfalcá-lo, a ponto de não mais suportar os encargos de suas obrigações, o exercício do seu direito está lesando direito de terceiro, ou seja, o credor. O direito de proprietário, portanto, somente não tem limite enquanto não esbarra no direito alheio; se isso acontece, o proprietário, a pretexto de exercer um direito, está praticando ato ilícito".[20]

---

[16] MARQUES, José Frederico. *Manual de direito processual civil*. Campinas: Bookseller, 1997, v.4, p. 75.

[17] LIMA, Alcides de Mendonça. *Comentários ao código de processo civil*. Rio de Janeiro: Forense, 1974, p. 493.

[18] THEODORO JUNIOR, Humberto. *Curso de direito processual civil*. 38. ed. Rio de Janeiro: Forense, 2005, v. 2, p. 128.

[19] ZAVASCKI, Teori Albino. *Comentários ao código de processo civil*. São Paulo: Revista dos Tribunais, 2000, v. 8: Do processo de execução, arts. 566 a 645, p. 272.

[20] LIMA, 1974, p. 491.

Interessante, todavia, a ressalva de James Goldschmidt:[21]

> [...] em todos os tempos foi considerado como um grave problema legislativo impedir os astutos que às vezes põe-se em prática para dificultar ao credor a satisfação de direito pelo procedimento da execução, principalmente pela razão que o mero fato de o devedor ter credores a quem pagar não autoriza privar-lhe do direito de disposição sobre o seu patrimônio. Enquanto existiu uma rigorosa execução pessoal, não havia que temer tanto os manejos fraudulentos, pois o devedor tinha tido de pagar com seu corpo a burla a seus credores [...]

Efetivamente, houve na história do processo épocas em que para as hipóteses de não-pagamento das dívidas o devedor sofria restrições à sua liberdade individual[22] e até mesmo ao seu estado civil.[23] Relembra Pontes de Miranda que "quando a economia repousava na propriedade da terra, o devedor, que pretendia fraudar a execução, alienava os latifúndios, as fazendas e os engenhos. A prisão por dívida atenuava, então, a importância prática das regras jurídicas do art. 593".[24]

Atualmente, já não é mais admitido que o credor faça uso das próprias mãos para tornar efetiva a responsabilidade patrimonial do devedor, tornando-se imprescindível a intervenção do Judiciário. Não há mais execução sobre a pessoa do devedor, ao contrário dos primeiros tempos do primeiro período do Direito Romano, com a *actio per manus iniectionem*.[25] A prisão por dívida, ressalvadas as exceções constitucionalmente previstas[26] – cujo caráter é meramente coativo – tampouco é permitida. Não resta qualquer dúvida, portanto, que "a adstrição às conseqüências meramente patrimoniais para os casos de descumprimento das obrigações revelou um magnífico passo na construção dos direitos fundamentais do homem,

---

[21] GOLDSCHMIDT, James. *Direito processual civil*. Tradução Lisa Pary Scarpa. Campinas: Bookseler, 2003, v. 2, p.189.
[22] Destaca Pedro dos Santos Barcelos que em Roma antiga quando um cidadão não conseguia saldar seus débitos, com seus bens, o credor o levava ao mercado público, por três vezes, até que alguém o condoesse e quitasse sua obrigação ou o adquirisse para que tornasse seu escravo. Como o cidadão romano não podia ser escravizado em sua terra natal, era levado para fora do território romano para ser vendido, transformando-se em cervo do adquirente. (BARCELOS. Pedro dos Santos. Fraude de execução. *Revista dos Tribunais*, São Paulo, nº 79, v. 658, p. 43-51, ago. 1990, p. 43.)
[23] FUX, Luiz. *Curso de direito processual civil*. 2.ed. Rio de Janeiro: Forense, 2004, p. 1284.
[24] PONTES DE MIRANDA, 2002, v. 9, p. 341.
[25] Cf. VIANNA, Aldyr. *Lições de direito processual civil*. Rio de janeiro: Forense, 1985, p. 549.
[26] Na atualidade, só há execução sobre os bens do devedor, salvo a responsabilidade por alimentos ou pela qualidade de fiel depositário, nos termos do inciso LXVII do art. 5º da Constituição Federal: "não haverá prisão civil por dívida, salvo a do responsável pelo inadimplemento voluntário e inescusável de obrigação alimentícia e a do depositário infiel".

porquanto nem mesmo a pena criminal pode passar da pessoa do condenado".[27]

Com isso, o patrimônio do devedor foi erigido como sucedâneo para o caso de inadimplemento de suas obrigações. Entretanto, a cláusula final do art. 591 abre a possibilidade de a lei instituir restrições à regra geral da responsabilidade, excluindo certos bens de seu alcance e, assim, remetendo à disciplina da impenhorabilidade (arts. 648, 649 e 650 do CPC).[28] Com efeito, salvo as restrições legais, todos os bens do devedor respondem por suas dívidas; no entanto, o patrimônio aqui compreendido, explica Aldyr Vianna, diz respeito apenas ao de valor pecuniário, nunca ao patrimônio intocável representado por valores outros, sem valor econômico, tais como os de família, como o pátrio poder; os de personalidade, como o nome; os cívicos, a liberdade etc.[29]

Tem-se, portanto, que o patrimônio do devedor é garantia de seus credores, como natural conseqüência do princípio da responsabilidade patrimonial; e, por isso, a disponibilidade só pode ser exercitada até onde não lese a segurança dos credores. A voga dessa consideração, pontualmente verdadeira, lembra Orosimbo Nonato que "já se chegou a enunciar que o devedor administra seu patrimônio em nome dos credores". Para Nonato, é patente o exagero, pois, "fosse o devedor simples representante do credor na administração de seu próprio patrimônio e a venda de seus bens seria de coisa alheia".[30]

Por isso, averba Araken de Assis que "relacionam-se, estreitamente, a disciplina da fraude contra execução e a responsabilidade patrimonial. É conseqüência direta do art. 591 que os bens do devedor respondem por suas obrigações".[31]

Tratando-se a execução de processo que visa à satisfação do credor, retirando bens do patrimônio do devedor,[32] o sistema pro-

---

[27] FUX, 2004, p. 1284.

[28] Também no Direito Processual português há previsão de limitações à penhora, configurando-se a impenhorabilidade sob tripla modalidade: bens absoluta ou totalmente impenhoráveis (art. 822); bens relativamente impenhoráveis (art. 823); e bens parcialmente impenhoráveis (art. 824). Cf. FERREIRA, Fernando Amâncio. *Curso de processo de execução*. Coimbra: Livraria Almedina, 1999, p. 110.

[29] VIANNA, 1985, p. 549.

[30] NONATO, Orosimbo. *Fraude contra credores*: da ação pauliana. Rio de Janeiro: Editora Jurídica e Universitária, 1969, p. 31.

[31] ASSIS, Araken de. *Comentários ao código de processo civil*. Rio de Janeiro: Forense, 2004a, v. 6, p. 241.

[32] SATTA, Salvatore. *L'esecuzione forzata*. 4. ed. Torino. Unione Tipográfico, 1963, p. 35. "[...] che il diritto del creditore non è un diritto su un bene, ma assicura il conseguimento di un bene da parte dell'obbligato, quindi a carico del suo patrimonio, mediante il suo patrimonio".

cessual, para tornar efetivo o processo, apresenta a figura da fraude à execução, disciplinada no artigo 593 do CPC. Trata-se de criação do legislador brasileiro, não havendo figura semelhante no direito comparado,[33] tendo como paradigma, conforme se verificará adiante, a fraude contra credores, tão-somente. Ambos os institutos representam meios de preservação da responsabilidade patrimonial, evitando que artifícios possam frustrar esta garantia.

Logo, o objeto jurídico do instituto da fraude à execução é dar segurança às relações jurídicas objeto de questionamento em juízo, mais especificamente, não permitir que na pendência do processo, o devedor aliene bens, frustrando a execução e impedindo a satisfação do credor mediante a expropriação de bens.

O instituto da fraude à execução, portanto, visa a impedir atos de alienação fraudulentos ou, apenas, reputá-los ineficazes, em vista da pendência do processo, pois, além de ser mais evidente o intuito de lesar o credor, em tal situação "a alienação dos bens do devedor vem constituir verdadeiro atentado contra o eficaz desenvolvimento da função jurisdicional já em curso, porque lhe subtrai o objeto sobre o qual a execução deverá recair".[34]

Nesse contexto, o instituto da fraude à execução acaba por não permitir atentados à dignidade da justiça, permitindo que esta realize o fim precípuo do processo de execução, que é a expropriação de bens do devedor para satisfação do crédito do credor.

---

[33] Conforme CAHALI, Yussef Said. *Fraude contra credores*. 2. ed. São Paulo: Revista dos Tribunais, 1999, p. 467; OLIVEIRA, José Sebastião de. *Fraude à execução*. 2. ed. São Paulo: Saraiva, 1998, p. 53; CAIS, Frederico F. S. *Fraude de execução*. São Paulo: Saraiva, 2005, p. 111; SOUZA, Gelson Amaro de. *Fraude à execução e o direito e defesa do adquirente*. São Paulo: Juarez de Oliveira, 2002, p. 65; CÂMARA. Alexandre Freitas. *Lições de direito processual civil*. 5. ed. Rio de Janeiro: Lumem Juris, 2001, v. 2, p. 180; TEIXEIRA, Sálvio de Figueiredo. Fraude à execução. *Revista da AJURIS*, Porto Alegre, v. 12, n° 37, p. 224-237, jul. 1986, p. 226, entre outros.
[34] LIEBMAN, Enrico Tullio. *Processo de execução*. 3. ed. São Paulo, 1968, n° 45, p. 85.

3. Responsabilidade patrimonial e responsabilidade processual

Tema regulado no art. 591 do CPC, a responsabilidade patrimonial é extremamente relevante para a compreensão do fenômeno executivo e, conseqüentemente, ao instituto da fraude à execução. Conceitua-se responsabilidade patrimonial como "a suscetibilidade de um bem ou de todo um patrimônio a suportar os efeitos da sanção executiva".[35]

Diante do disposto no art. 591 do CPC, ficou explícito o princípio de direito material, de que alguém que se obriga responde com o seu patrimônio pelo cumprimento da obrigação.

Quando proposta a ação executiva, surge a responsabilidade processual do devedor que deve cumprir a prestação contida no título executivo sob pena de ter seus bens sujeitos aos atos expropriatórios ou coativos da execução forçada.

É de se notar que a responsabilidade patrimonial consiste na possibilidade de sujeição de patrimônio às medidas executivas que se dirigem a fazer cumprir a vontade concreta do direito substancial. Com efeito, ressalta Alexandre Freitas Câmara que não se deve considerar "que a responsabilidade se confunde com a efetiva sujeição patrimonial. Há responsabilidade porque há a possibilidade de que tal sujeição ocorra".[36]

Segundo José Frederico Marques, "com a responsabilidade patrimonial, o devedor, ao assumir determinada obrigação, passa a responder com o seu patrimônio pelo cumprimento desta. E com a responsabilidade processual, os bens desse patrimônio ficam sujeitos à execução forçada".[37]

---

[35] DINAMARCO, Cândido Rangel. *Instituições de direito processual civil*. São Paulo: Malheiros, 2004, v.4, p. 321.
[36] CÂMARA, 2001, v. 2, p. 171.
[37] MARQUES, 1997, v. 4, p. 69.

Com efeito, "se no plano jurídico-material a obrigação compreende dívida e responsabilidade, no plano processual a propositura de ação executiva, com a formação de processo de igual nome, vincula o devedor à relação processual e seus bens à execução forçada". Responsabilidade processual, portanto, "é a sujeição do patrimônio do devedor aos atos coativos e expropriatórios da execução forçada".[38]

Há, portanto, responsabilidade patrimonial e responsabilidade processual, conforme a lição de José Frederico Marques, a qual merece transcrição:[39]

> Por existir prestação exigível e para satisfazê-la é que os bens do devedor respondem pela obrigação. Com o inadimplemento do devedor e a propositura da ação executiva pelo credor, forma-se a relação processual executiva, quando então, por força da responsabilidade material do sujeito passivo da obrigação, o patrimônio do devedor se torna objeto de atos expropriatórios. A responsabilidade processual transforma a abstrata vinculação dos bens do devedor à obligatio assumida, na vinculação prática e concreta que se traduz nos atos coativos e expropriatórios da execução forçada.

Muito diversa da obrigação de direito privado é a sujeição do devedor ao poder público. A denominada responsabilidade processual é a sujeição ao poder do Estado, enquanto a obrigação é condição da vontade do devedor, ficando a sua escolha cumprir ou não.

Por isso, é necessário que se aplique um tratamento mais severo às manobras do devedor cuja finalidade seja livrá-lo daquela responsabilidade, isto é, "para suprimir efetivamente, ou sabendo que praticamente suprime, os efeitos de sua sujeição ao poder do Estado".[40]

---

[38] MARQUES, 1997, v. 4, p. 70.
[39] Ibidem, p. 70.
[40] CASTRO, A., 1974, p. 64.

4. Responsabilidade patrimonial primária e secundária

Embora a dívida e a responsabilidade normalmente coincidam e, portanto, o obrigado é responsável porque deve, regra designada de responsabilidade primária, há casos em que, em razão de relações das mais diversas naturezas, existentes entre o obrigado e outras pessoas, terceiros, sem serem sujeitos passivos da execução, respondem com seus bens para satisfazer coativamente ao credor, denominando-se tal situação de responsabilidade secundária. O fenômeno "constitui simples desdobramento da dissociação entre responsabilidade e obrigação".[41]

A disciplina da responsabilidade objetiva no nosso sistema processual teve a relevante influência de Liebman, segundo o qual, em algumas situações, a responsabilidade se separa da obrigação e vai alcançar terceiro não devedor (em sentido material). São os casos em que observa existir o que denomina de responsabilidade executória secundária.[42]

No CPC, o art. 592[43] prevê as hipóteses mais comuns dos casos em que, por força da lei, o patrimônio de quem não se obrigou responderá, diretamente e na via executiva, pela dívida alheia. Às vezes, os bens do terceiro, por determinada circunstância, respondem pela obrigação do devedor (caso dos incisos II e IV do art. 592,[44] e,

---

[41] ASSIS, 2004a, v. 6, p. 231.

[42] LIEBMAN, 1968, nº 45, p. 74.

[43] CPC, Art. 592. Ficam sujeitos à execução os bens: I – do sucessor a título singular, tratando-se de execução de sentença proferida em ação fundada em direito real; II – do sócio, nos termos da lei; III – do devedor, quando em poder de terceiros; IV – do cônjuge, nos casos em que os seus bens próprios, reservados ou de sua meação respondem pela dívida; V – alienados ou gravados com ônus real em fraude de execução.

[44] SALAMACHA, José Eli. *Fraude à execução*: direitos do credor e do adquirente de boa-fé. São Paulo: Revista dos Tribunais, 2005, p. 52.

às vezes, o bem não mais pertence ao executado, mas é "como se" ainda pertencesse (inc. V do art. 592)).

Para Araken de Assis, a tese desenvolvida por Liebman que declara esses responsáveis "terceiros" relativamente ao processo de execução é equivocada, pois o conceito de parte não autoriza semelhante conclusão. O obrigado e o responsável "são partes passivas na demanda executória porque executados, sem embargo do fato de que, à luz da relação obrigacional, o primeiro assumiu a dívida (e, por isso, também é 'responsável') e o outro, não".[45] Em sentido contrário, Frederico Cais pondera que, "ordinariamente, esse responsável não tem interesse em insurgir-se contra a execução, mas apenas contra a constrição ilegal de seus bens".[46]

A tese de Liebman exibe importante conseqüência prática. Se o responsável é terceiro, reagirá com os embargos do art. 1046 e, não, com os do devedor, contra o exeqüente. Essa orientação deve ser tomada com reservas, pois o artigo 592 do CPC não contempla, exclusivamente, hipóteses de responsabilidade secundária, evidenciando que, a rigor, somente as hipóteses dos incisos II e IV representam casos típicos de responsabilidade executória secundária.[47] Por essas razões, a referida tese merece pequeno reparo sugerido por Cais, de forma a apresentar a seguinte configuração: "aquele que não tenha figurado originariamente no processo de execução (responsável executivo secundário), mas responda com seu patrimônio é terceiro e não parte".[48]

Em verdade, não é possível aceitar que o sócio, o cônjuge ou mesmo o terceiro prestador de garantia real, por exemplo, não sejam parte na execução forçada, mesmo quando seu patrimônio é conscientemente constrito pelo órgão judicial para o cumprimento de obrigação assumida por outrem. A mera responsabilidade para com o pagamento da dívida, independentemente de tê-la assumido em nome próprio no plano da relação obrigacional, demonstra que isso é suficiente para que aqueles sujeitos sejam considerados parte na ação de execução.[49]

Os responsáveis secundários, portanto, têm legitimação passiva, mas extraordinária. Isso porque, embora "respondam em nome

---

[45] ASSIS, 2004a, v. 6, p. 231.
[46] CAIS, 2005, p. 22/23.
[47] Nesse sentido: ZAVASCKI, 2000, v. 8, p. 263 e ASSIS, op. cit., p. 231.
[48] CAIS, op. cit., p. 23.
[49] FERREIRA DOS SANTOS, Evaristo Aragão. Sobre as partes e terceiros na execução forçada. In: DIDIER JÚNIOR, Fredie; ALVIM, Teresa Arruda (Coord.) *Aspectos polêmicos e atuais sobre terceiros no processo civil:* e assuntos afins. São Paulo: Revista dos Tribunais, 2004, p. 350.

e com patrimônio próprios pelo cumprimento da obrigação de outrem, não são os 'devedores', propriamente ditos, da relação obrigacional espelhada no título".[50]

Por tal motivo, aqueles cujos bens respondam diretamente pelo cumprimento da obrigação assumida por outrem terão de ocupar o pólo passivo na execução forçada. É o que ocorre, por exemplo, com o fiador judicial (art. 568, IV), com o sócio, o cônjuge e o terceiro prestador de garantia real.

Interessa, no presente estudo, mais especificamente a hipótese do inciso V do art. 592 do CPC, prevendo que os bens alienados ou gravados com ônus real em fraude de execução se sujeitam aos meios executórios e, portanto, podem ser penhorados.

Diferentemente do CPC de 1939, cuja redação fazia referência a bens "alienados ou hipotecados em fraude de execução" (art. 888, V), a lei processual em vigor, ao tratar da responsabilidade patrimonial, usa a expressão "gravados com ônus real" (art. 592, V) e, portanto, amplia o rol das hipóteses, passando a incluir, além da hipoteca, todos os demais gravames.

Segundo corrente doutrinária, os bens alienados ou onerados em fraude à execução passaram do patrimônio do executado para o de terceiro, ou este adquiriu aquela responsabilidade real especial outorgada pelo gravame (penhor, hipoteca, anticrese), no plano material. O negócio realizado, embora válido entre seus figurantes, é ineficaz frente ao exeqüente. Por este motivo, entende Araken de Assis não se tratar, a hipótese, de responsabilidade secundária, pois "os bens integram o patrimônio do obrigado, em razão desta ineficácia, perante o credor", não ocorrendo "a necessária separação entre a pessoa que deve prestar e aquela cujo bem responde pelo cumprimento da obrigação, como exige o conceito de responsabilidade secundária".[51] Por essa linha, ocorrendo fraude à execução, o adquirente continuará "terceiro", quanto à demanda condenatória.[52]

Para Frederico Cais, a fraude à execução "retira apenas parte da eficácia da alienação, a de excluir o bem da responsabilidade executiva (eficácia secundária), conservando, entretanto, a de transmitir o bem".[53] Logo, a alienação em fraude à execução é válida e eficaz

---

[50] FERREIRA DOS SANTOS, op. cit., p. 350.
[51] ASSIS, 2004a, v. 6, p. 241.
[52] Em sentido contrário, Luiz Fux afirma que o terceiro que não contraiu débito, mas adquiriu bens do devedor em fraude à execução "tem responsabilidade patrimonial secundária". FUX, 2004, p. 1294.
[53] CAIS, 2005, p. 51.

entre as partes e, assim, o adquirente passa a ser o legítimo proprietário do bem alienado, o qual será alcançado pela execução.

O "terceiro" na execução forçada será apenas aquele cujo patrimônio não se sujeita à execução, mas por razões específicas acaba sendo atingido pela atividade jurisdicional no caso concreto. "Terceiro", portanto, "é apenas aquele que aos olhos do órgão judicial suporta reflexamente a eficácia executiva o título na atuação jurisdicional *in executivis*".[54] Tal situação ocorre com o adquirente de bem em fraude à execução (art. 592, V), com o co-proprietário de bem imóvel indivisível do devedor ou, de maneira ampla, com qualquer pessoa que tenha em seu poder bens apontados como integrantes do patrimônio do devedor e por isso sujeitos à execução (art. 592, III).

Nesses casos, o bem sujeitado à execução nunca chegou a se incorporar (eficazmente ou integralmente) ao patrimônio do terceiro adquirente, do co-proprietário ou do mero possuidor.[55] Para o órgão judicial, é como se esse bem nunca tivesse deixado o patrimônio do devedor. A esfera jurídica desses terceiros é atingida apenas reflexamente.

No que diz respeito ao devedor-alienante, em fraude à execução, embora o bem aparentemente não seja mais de sua propriedade, na verdade, ainda o é, em razão da ineficácia da alienação em face do credor exeqüente.

Diante do exposto, embora não seja correto afirmar que o responsável que não se obrigou sempre permaneça "terceiro", esta será a sua condição relativamente ao processo executivo em que o órgão judiciário autoriza a invasão na sua esfera patrimonial, no caso de fraude à execução, em razão da ineficácia do ato de disposição do patrimônio pelo obrigado, tudo se passando "como se" ele não existisse.[56]

---

[54] FERREIRA DOS SANTOS, 2004, p. 354.
[55] ZAVASCKI, 2000, v. 8, p. 263.
[56] ASSIS, Araken de. Responsabilidade patrimonial. In *Execução civil*: aspectos polêmicos. São Paulo: Dialética, 2005, p. 23.

5. A relação entre o instituto da fraude à execução e a efetividade do processo

O objeto do processo de execução, sob o ponto de vista prático, é fazer atuar efetivamente determinado interesse, quando para compor a lide não foi suficiente apenas a declaração de certeza do direito da parte.[57] Assim, o objeto do processo de execução "representa la prosecución más avanzada de la obra de actuación concreta de la ley por parte del juez".[58] No dizer de Couture, o que se busca no processo de execução é assegurar a eficácia prática da sentença. O processo de execução consiste antes em agir do que em decidir.[59]

E é por meio do processo de execução que se alcança o resultado prático da prestação jurisdicional quando não for possível obtê-lo por ato espontâneo do devedor. Essa atividade que se realiza por meio do processo de execução com a finalidade de, sem o concurso da vontade do obrigado, conseguir o resultado prático a que tendia a regra jurídica que não foi obedecida, recebe o nome de "execução forçada", que corresponde a um conjunto de atos de agressão patrimonial. Por isso diz José Alberto dos Reis que o processo de execução cria para o devedor uma situação ou estado de sujeição, ficando seu patrimônio à mercê da vontade do Estado, para dele extrair-se o bem devido ou o valor a que tem direito o credor.[60]

Em razão desse caráter do processo de execução, é no curso deste procedimento que se dá a maior incidência de fraudes no âmbito do processo civil, "no sentido de o executado tentar deslocar bens que integram seu patrimônio como forma de esvaziar a ação em referência", e assim impossibilitando a satisfação do credor que

---

[57] MICHELI, Gian Antonio. *Derecho procesal civil*. Buenos Aires: Europa-America, 1970, v. 3, p. 4
[58] Ibidem.
[59] COUTURE, Eduardo. *Fundamentos do direito processual civil*. São Paulo: Saraiva, 1946, p. 371-372.
[60] REIS. José Alberto dos. *Processo de execução*. 2.ed. Coimbra: Coimbra, 1982, v. 1, p. 9. nº 7.

somente seria possível pela apreensão do patrimônio do devedor e posterior alienação judicial, para que o produto reverta em favor do credor.[61]

A palavra "crise" no processo é normalmente atribuída àquela situação em que o processo não pode ter seguimento por falta de alguma condição ou de algum requisito ou pressuposto processual, devendo ser extinto sem que tenha atingido seu objetivo.

Entretanto, em se tratando de processo de execução, além destas hipóteses, a crise pode ocorrer também pela dificuldade ou impossibilidade fática de se chegar à realização do direito representado no título. Isto se dá, conforme observa Gelson Amaro de Souza "nos casos em que no momento culminante que é a satisfação do direito do credor, o devedor não mais possuir bens suficientes para satisfazer a obrigação (art. 791, III, do CPC)".[62] É o que José Frederico Marques chama de "execução infrutífera".[63]

Desta forma, haja vista que o objeto da execução não é a pessoa do devedor, e sim os seus bens, "compreendido este conceito em seu sentido mais amplo, como qualquer valor jurídico capaz de ser transferido do patrimônio do obrigado para o patrimônio do credor, para a satisfação do direito de crédito",[64] se o executado não tiver bens alguns, ou se todos os seus bens forem impenhoráveis, ou se os seus bens penhoráveis forem insuficientes para assegurar o pagamento ao credor, a responsabilidade executiva não funciona ou funciona dentro de limites restritos e deficientes.[65]

Não se pode olvidar, como já lecionava Couture, que "un patrimônio ejecutable constituye um presupuesto de la ejecución forzada, en el sentido de que sin él la coerción se hace difícilmente concebible".[66] Assim, como a execução pressupõe, também, a responsabilidade executiva do sujeito passivo, não havendo bens do devedor passíveis de serem transferidos ao credor, o processo de execução, segundo esse entendimento, enfrenta uma das mais graves crises, em razão da impossibilidade de se proporcionar efetividade ao processo executivo, partindo-se da premissa básica de que "será efetivo

---

[61] MONTENEGRO FILHO, Misael. *Curso de direito processual civil*. São Paulo: Atlas, 2005, v. 2, p. 374.

[62] SOUZA. Gelson Amaro de. Fraude à execução sob nova visão. *Revista Nacional de Direito e Jurisprudência*, nº 55, p. 34-45, jul. 2004, p. 35.

[63] MARQUES, 1997, v. 4, p. 370.

[64] SILVA, Ovídio Baptista da. *Curso de Processo Civil*. 4. ed. São Paulo: Revista dos Tribunais, 2000, p. 70.

[65] REIS, 1982, v. 1, p. 312, nº 85.

[66] COUTURE, Eduardo J. *Fundamentos del derecho processal civil*. 3. ed. Buenos Aires: Depalma, 1990, p. 464–465.

o processo que constitua instrumento eficiente de realização do direito material".[67]

É de Giuseppe Chiovenda a célebre assertiva de que "o processo deve dar, quando for possível, a quem tem direito, tudo aquilo que ele tenha direito de conseguir".[68] No entanto, como visto, nem sempre o Estado consegue cumprir sua função jurisdicional de realizar coativamente a atividade que deveria ter sido exercida de forma espontânea pelos próprios sujeitos da relação jurídica de direito material. E é claro que não se pode ter como eficaz um processo executivo que não consegue defender a própria garantia da prestação jurisdicional satisfativa.

O que se verifica é que muitas vezes essa inefetividade do processo executivo causada pela inexistência de bens penhoráveis do devedor é por ele mesmo provocada, valendo-se até mesmo da morosidade do andamento do processo para praticar fraudes, principalmente retirando ou onerando os bens de seu patrimônio capazes de garantir o processo de execução.

Considerando essa possibilidade é que o legislador procurou dar proteção ao credor e efetividade ao processo executivo, criando institutos que combatem a crise que pode se abater neste procedimento, gerada pela ausência de bens penhoráveis. Diante dessa problemática, o instituto da fraude à execução foi concebido como uma das medidas capazes de sanar o problema da falta de efetividade do processo executivo. Segundo o instituto, insculpido no art. 593 do CPC, determinados atos de alienação ou oneração de bens, quando realizados na pendência de uma relação processual, podem ser declarados em fraude à execução e, assim, os bens alienados ou onerados ficam sujeitos à execução, permitindo nestas hipóteses que a responsabilidade executiva alcance, também, o patrimônio de terceiro (592, V e 593).[69]

É possível perceber, portanto, que o negócio em fraude à execução não agride somente o universo potencial de credores, mas também a própria efetividade da atividade jurisdicional do Estado.[70]

Evidentemente, a ordem jurídica não poderia admitir que o devedor pudesse exonerar-se da responsabilidade patrimonial pra-

---

[67] BARBOSA MOREIRA, José Carlos. Por um processo socialmente efetivo. *Revista Síntese de Direito Civil e Processual Civil*, Porto Alegre, v. 2, nº 11, p. 5-14, maio/jun. 2001, p. 5.

[68] CHIOVENDA, Giuseppe. *Instituições de direito processual civil*. Campinas: Bookseller, 1998, v. 1, p. 67.

[69] THEODORO JÚNIOR, Humberto. *Processo de execução*. 22. ed. São Paulo: Leud, 2004, p. 71.

[70] ASSIS, Araken. Fraude à execução e legitimidade do terceiro hipotecante. *Revista da Faculdade de Direito da Pontifícia Universidade Católica do Rio Grande do Sul*, Porto Alegre, v. 13-14, nº 15, p. 17-35, 1991-92, p. 23.

ticando atos com a finalidade de retirar bens do seu patrimônio quando sua situação desencadeou ou se encontra prestes a desencadear a ação dos credores.

Por essa razão, o sistema de proteção dos credores prevê ainda o instituto da fraude contra credores (Código Civil – arts. 158 e seguintes), o qual, assim como o instituto da fraude à execução visa a garantir o crédito do credor, evitando que manobras do devedor afastem da sua esfera patrimonial bens capazes de garantir o pagamento da dívida, proporcionando a tão desejada efetividade do processo executivo.

6. Existência, validade e eficácia do negócio jurídico

O mundo é uma sucessão de fatos. Denomina-se "fato jurídico" todo o fato do mundo real sobre o qual incide a norma jurídica. A incidência da norma sobre o fato determina sua entrada no mundo jurídico,[71] adquirindo, assim, existência jurídica. Assim, sempre que fatos, sejam eventos ou condutas, provoquem interferência relevante nas relações inter-humanas, gerando a possibilidade de entrechoques de interesses, são alçados, pela comunidade jurídica, por meio de normas jurídicas, à categoria de fatos jurídicos, regulando-os e atribuindo-lhes conseqüências jurídicas que dizem respeito a essas relações.[72] O fato jurídico entra no mundo jurídico para que aí produza efeitos jurídicos, tendo, portanto, eficácia jurídica.[73] Fato jurídico é, pois, "o fato ou o complexo de fatos sobre o qual incidiu a regra jurídica".[74]

Partindo-se destes conceitos, o exame de qualquer fato jurídico deve ser feito, ao menos em tese, na linha do que ensina Antônio Junqueira de Azevedo, em dois planos: a) plano da existência, no qual se verifica se estão reunidos os elementos do fato para que ele exista; b) plano da eficácia, no qual se verifica se o fato passa a produzir efeitos.[75]

O negócio jurídico é o tipo de fato jurídico que, nas palavras de Pontes de Miranda "a autonomia da vontade deixou à escolha das

---

[71] PONTES DE MIRANDA, Francisco Cavalcanti. *Tratado de direito privado*. Atualizado por Vilson Rodrigues Alves. Campinas: Bookseller, 1999, v.1, p. 123.
[72] MELLO, Marcos Bernardes de. *Teoria do fato jurídico*: plano da eficácia. 2.ed. São Paulo: Saraiva, 2004, p. 5.
[73] AZEVEDO, Antônio Junqueira. *Negócio jurídico*: existência, validade e eficácia. 4.ed. São Paulo: Saraiva, 2002, p. 23.
[74] PONTES DE MIRANDA, op. cit., p. 126.
[75] AZEVEDO, op. cit., p. 23.

pessoas".⁷⁶ Desta forma, sendo o negócio jurídico uma espécie de fato jurídico, também seu exame pode ser realizado nestes planos, todavia, "por ser um caso especial de fato jurídico, já que seus efeitos estão na pendência dos efeitos que foram manifestados como queridos, o direito, para realizar essa atribuição, exige que a declaração seja válida".⁷⁷ Diante disso, o exame do negócio jurídico deve ser feito também no plano da validade, a se interpor entre o plano da existência e o plano da eficácia. Estes três planos, portanto, são aqueles "nos quais a mente humana deve sucessivamente examinar o negócio jurídico, a fim de verificar se ele obtém plena realização".⁷⁸

Assim, o negócio jurídico exige, para sua configuração, a existência de uma exteriorização da vontade do agente, que deve ser conscientemente produzida e, ainda, o objetivo que seja um específico resultado no mundo das relações jurídicas, ou seja, o negócio jurídico deve visar a uma alteração na esfera jurídica daqueles que nele interferem. Não é necessário, contudo, que esse desejado efeito jurídico ocorra para que se cogite de negócio jurídico, mas deve haver a possibilidade de sê-lo.⁷⁹

Portanto, é indispensável a análise do negócio jurídico nos três planos – da existência, da validade e da eficácia – pois, como afirma Theodoro Júnior, "a não integração dos elementos materiais do plano da existência, assim como dos requisitos jurídicos da validade ou a eficácia, conduz à frustração do resultado buscado pelo agente".⁸⁰

O ato, antes de ser considerado jurídico, deve existir como realidade material, isto é, como conjunto de dados fáticos que corresponda ao tipo jurídico. Não ocorrendo esses dados mínimos de natureza material, a *fattispecie* não se configura e, assim, se está diante de um caso de inexistência do ato jurídico. Estando incompleta a figura material do fato típico, o fato jurídico simplesmente não existe. Logo, não há que se discutir se é nulo ou ineficaz nem se existe desconstituição judicial, porque a inexistência é o não ser que, portanto, não pode ser qualificado.⁸¹

Esclarece Fábio Ulhoa Coelho que o negócio jurídico existe "quando um sujeito de direito faz uma declaração de vontade sobre um objeto possível, com a intenção de produzir determinados

---

⁷⁶ PONTES DE MIRANDA, 1999, p. 140.
⁷⁷ AZEVEDO, 2002, p. 24.
⁷⁸ Ibidem, p. 24.
⁷⁹ THEODORO JÚNIOR, Humberto. *Fraude contra credores*: a natureza da sentença pauliana. Belo Horizonte: Del Rey, 1996, p. 165.
⁸⁰ Ibidem, p. 166.
⁸¹ Ibidem, p. 166.

efeitos, e desde que estes estejam previstos em norma jurídica como produzíveis por aquela declaração".[82]

Assim, em primeiro lugar, há que se perquirir da existência do negócio jurídico, ou seja, se todos os elementos essenciais para o seu nascimento estão reunidos.

Para que o negócio jurídico exista, é necessária a presença dos seguintes elementos gerais: a) intrínsecos (forma, objeto e circunstâncias negociais); b) extrínsecos (agente, lugar e tempo do negócio). Basta a falta de um desses elementos para inexistir o negócio jurídico.

Aos elementos gerais, os quais resultam da ordem jurídica, dever-se-ão acrescentar os elementos próprios de cada categoria, isto é, elementos categoriais, revelados pela análise doutrinária da estrutura normativa de cada categoria de negócio e que caracterizam a natureza jurídica destas[83] e, ainda, os elementos particulares, que são aqueles que, opostos pelas partes, existem em um negócio concreto, sem serem próprios de todos os negócios ou de certos tipos de negócios.[84]

Existente, o negócio jurídico pode ser válido ou inválido.

O plano da validade é próprio do negócio jurídico. É em virtude dele que a categoria "negócio jurídico" encontra plena justificação teórica. A validade é "a qualidade que o negócio deve ter ao entrar no mundo jurídico, consistente em estar de acordo com as regras jurídicas ("ser regular")".[85]

Superada a premissa da existência da declaração de vontade, no contexto material cogitado pela ordem jurídica, procede-se à pesquisa em torno de sua perfeição, ou seja, se a declaração contém ou não algum vício invalidante. É necessário, portanto, verificar sua validade; isto é, se a declaração de vontade no negócio jurídico atendeu aos pressupostos da validade: agente capaz, objeto lícito e forma prescrita ou não defesa em lei. A ausência de algum desses requisitos essenciais acarreta a nulidade do ato jurídico, de maneira que o evento defeituoso se apresenta como fato simples, mas não como ato jurídico. Conforme o grau de ineficácia irradiado pelo ato, a nulidade decorrente pode ser classificada como absoluta ou relativa.

---

[82] COELHO, Fábio Ulhoa. *Curso de direito civil*. São Paulo: Saraiva, 2003, v.1, p. 314.
[83] AZEVEDO, 2002, p. 35.
[84] Ibidem, p. 38.
[85] Ibidem, p. 42.

A nulidade absoluta representa, para Karl Larenz, o grau máximo de ineficácia do ato jurídico:[86]

> Los efectos jurídicos pretendidos del negocio nulo no tienen lugar, en principio, ni entre los participantes ni en sus relaciones com terceros. El negocio nulo no requiere um acto especial – ya sea una declaración de voluntad a ello dirigida, ya una demanda y una sentencia judicial – para producir la ineficacia. Cualquier persona puede alegar sin más la nulidad de un negocio jurídico. Esta se ha de tomar em cuenta por el tribunal em litigio, con tal que resulte de los hechos presentados en el proceso, aunque una de las partes no la alegue.

Já a nulidade relativa, também denominada anulabilidade, representa um grau menor de ineficácia, porque o defeito do ato jurídico não o afeta tão profundamente, como a falta de um elemento essencial. O ato jurídico existe e tem aptidão para produzir seus efeitos, mas a lei confere a uma das partes a faculdade de requerer a sua anulação, eliminando, retroativamente, todos os seus efeitos. Se o negócio não for convalidado ou anulado até que ocorra o termo da prescrição da ação de anulação, será considerado válido, como se originariamente praticado sem vício.[87]

Daí infere-se que a diferença entre o ato jurídico inexistente e o ato jurídico nulo está em que este existe como fato impotente para produzir efeitos jurídicos, enquanto aquele nem como fato existe.

Transposta a normalidade dos dois primeiros planos, o ato ou negócio jurídico tem tudo para atingir o plano da plena eficácia, ou seja, produzir todos os seus efeitos jurídicos. Nesse plano, não se trata de toda e qualquer possível eficácia prática do negócio, mas sim, tão-só, da sua eficácia jurídica e, especialmente, da sua eficácia própria, isto é, da eficácia referente aos efeitos manifestados como queridos.[88]

A eficácia "só não ocorrerá se se constatar algum obstáculo que resulte de causa extrínseca, o que vale dizer, fora do próprio ato, donde estaremos diante da ineficácia".[89] A ineficácia pode ser definida como "a inaptidão, temporária ou permanente, do fato jurídico para irradiar os efeitos próprios e finais que a norma jurídica lhe imputa".[90]

Explica Humberto Theodoro Júnior que o ato nulo não tem força de produzir o esperado efeito da declaração de vontade. O ato

---
[86] LARENZ, Karl. *Derecho civil*: parte general. Madri: Revista de Derecho Privado, 1978, § 23, p. 623.
[87] THEODORO JÚNIOR, 1996, p. 168-169.
[88] AZEVEDO, 2002, p. 49.
[89] OLIVEIRA, José Sebastião de. *Fraude à execução*. 2. ed. São Paulo: Saraiva, 1998, p. 14.
[90] MELLO, 2004, p. 60.

válido tem aptidão para produzir tal efeito, mas pode não fazê-lo, por alguma razão de direito.[91]

A ineficácia decorre naturalmente da nulidade ou da decretação de anulabilidade. O ato válido, mas sujeito a termo ou condição suspensiva, não se reveste de eficácia imediata, já que somente após o implemento do termo ou da condição terá possibilidade de produzir o efeito procurado pelas partes. Exemplo é o testamento, ato válido desde o momento em que foi elaborado, porém seus efeitos somente serão produzidos após a morte do testador.[92]

Outras vezes a lei cria um mecanismo de ineficácia relativa: a declaração de vontade atinge as partes, mas não produz efeitos em relação a certa pessoa ou a terceiros (inoponibilidade).[93]

A doutrina classifica a ineficácia em dois modos:

a) Ineficácia total e parcial: A ineficácia total priva o ato jurídico de toda a sua eficácia própria, específica; não somente em parte nem apenas em relação a certas pessoas. Exemplo é o caso do testamento antes citado. A ineficácia parcial ocorre nos negócios jurídicos enquanto pendente condição suspensiva, embora não se irradie sua eficácia final específica; desde a sua concreção nasce a relação jurídica a que se destina, a qual, nesse momento, tem conteúdo eficacial próprio diferente da eficácia específica do negócio jurídico.

b) Ineficácia absoluta e relativa: Há ineficácia relativa quando os efeitos do ato jurídico não se produzem em relação a algum, ou alguns sujeitos de direito, mas se irradiam relativamente a outros. Em geral, a interferência não autorizada na esfera jurídica de terceiro acarreta a ineficácia relativa do ato jurídico, quando não há nulidade.

O negócio jurídico que existe pode ser válido ou inválido e pode ser eficaz ou não. O negócio inexistente, todavia, nunca produz efeitos jurídicos. As relações entre eficácia e validade, por sua vez, variam conforme os interesses relacionados ao negócio jurídico estejam ou não em conflito.[94]

Distinguindo-se os conceitos de ineficácia e invalidez, conceitos relevantes para o exame do instituto da fraude à execução, pode-se afirmar que a ineficácia tem um conteúdo mais amplo que a invalidez. O negócio inválido, por defeitos em sua formação, não é apto para produzir conseqüências jurídicas. No entender de Ignácio Ga-

---

[91] THEODORO JÚNIOR, 1996, p. 169.
[92] Ibidem, p. 169.
[93] Ibidem, p. 170.
[94] COELHO, 2003, v. 1, p. 312.

lindo Garfias, o negócio ineficaz carece igualmente de aptidão para produzir efeitos, porém não em razão de uma formação defeituosa, mas sim por causas alheias a sua constituição.[95]

Oportuno, pela clareza, transcrever a explicação de Garfias:

> En tanto la invalidez proviene de la disconformidad del negocio o del acto con la norma jurídica; la simple ineficacia deriva de la voluntad de las partes, que lo privan de efectos, ya porque no lo perfeccionaron, porque lo han revocado o porque la producción de efectos está sujeta a determinadas circunstancias o al transcurso de cierto tiempo; así es ineficaz (no produce efectos) el acto válido.

Pode-se dizer, portanto, que o ato válido é ineficaz "porque no produce efectos jurídicos y porque los que eventualmente llegare a producir, están destinados a ser destruidos".[96]

Assim, se, no plano da existência, faltar um dos elementos próprios a todos os negócios jurídicos (elementos gerais), não há negócio jurídico; poderá haver um ato jurídico em sentido restrito ou um fato jurídico, e é isso que se chama "negócio inexistente". Se houver os elementos, mas, passando ao plano a validade, faltar um requisito neles exigido, o negócio existe, mas não é válido. Finalmente, se houver os elementos e se os requisitos estiverem preenchidos, mas faltar um fator de eficácia, o negócio existe, é válido, mas ineficaz (ineficácia em sentido restrito).[97]

---

[95] GALINDO GARFIAS, Ignácio. *Derecho civil*: primer curso. 2. ed. México: Porrúa, 1976, p. 245.
[96] Ibidem, p. 245.
[97] AZEVEDO, 2002, p. 63.

7. A fraude à execução

7.1. Denominação do instituto

Na doutrina, é possível observar que o instituto da fraude à execução, denominação que se pretende adotar no presente estudo, é comumente tratado também por outras expressões, tais como fraude de execução, fraude contra à execução ou ainda fraude na execução.

Pontes de Miranda trata da fraude prevista no art. 593 do CPC como fraude à execução.[98] Araken de Assis ora fala em fraude à execução, ora em fraude contra a execução.[99] Moacyr Amaral dos Santos, seguindo a linha do legislador do Código de Processo de 1973, adotou a expressão *fraude de execução*, conforme a redação dos arts. 591, V, 593, *caput* e 672, § 3º.[100]

Ao tratar da questão, Frederico Cais afirma que gramaticalmente todas as expressões estão corretas, e o uso de uma ou outra não prejudica o entendimento do tema, todavia, "propugnando toda ciência por uma precisão terminológica e, portanto, por uma padronização no uso dos vocábulos e das expressões" entende que melhor seria a adoção de apenas uma expressão.[101]

Analisando as referidas denominações utilizadas, Cais afasta as expressões "fraude na execução" e "fraude contra a execução", referindo que a primeira "transmite a idéia de que a fraude tem lugar especificamente no processo de execução", enquanto a segunda,

---

[98] MIRANDA, 2001, v. 9, p. 333 *et seq.*

[99] ASSIS, Araken de. *Manual do processo de execução*. 9. ed. São Paulo: Revista dos Tribunais, 2004b, p. 227 *et seq.*

[100] SANTOS, Moacyr Amaral. *Primeiras linhas de direito processual civil*. 21. ed. São Paulo: Saraiva, 2003, v. 3, p. 258 *et seq.*

[101] CAIS, 2005, p. 98.

além de não ser comumente usada pelos doutrinadores, não corresponde à intenção do legislador que "não pretendeu referir-se contra quem a fraude era, mas de que tipo era".[102]

Na escolha entre as opções restantes, muito embora pareça bem adequada a utilização da expressão "fraude de execução", adotada pelo legislador e por parte da doutrina, entre os quais está o próprio Frederico Cais, uma vez que qualquer das expressões está gramaticalmente correta, como já referido, neste estudo adotar-se-á a expressão *fraude à execução*, a exemplo do que fizeram José Eli Salamacha,[103] José Sebastião de Oliveira,[104] Teori Zavascki[105] e, também, ainda que não exclusivamente, Araken de Assis[106] e Yussef Cahali.[107]

7.2. O instituto da fraude à execução no ordenamento brasileiro: breve histórico

Para que se possa realizar uma melhor análise do instituto processual da fraude à execução, necessário se faz uma incursão, ainda que breve, nas origens históricas que acabaram por determinar a fisionomia deste instituto.

Após a emancipação política do Brasil pela declaração da Independência em 1822, as Ordenações Filipinas, legislação portuguesa complementar, mantiveram-se vigentes, com exceção apenas daquilo que se apresentasse conflitante com a primeira Carta Magna, outorgada pelo Imperador D. Pedro I, em 25 de março de 1824.

A origem do instituto da fraude à execução remonta às Ordenações Filipinas, mormente no Título LXXXVI, §§ 14, 15 e 16, que proibiam a alienação de bens de raiz durante a demanda, instituindo-se uma espécie de hipoteca judiciária, mas sua construção se estabelece com a vigência do Regulamento 737 (Dec. 737, de 25.11.1850), disciplinando o processo comercial, mais tarde estendida sua aplicação às causas cíveis propriamente ditas (Dec. 763, de 19.09.1890), conforme se vê nos seguintes artigos:

---

[102] CAIS, 2005, p. 98.
[103] SALAMACHA, 2005.
[104] OLIVEIRA, 1998.
[105] ZAVASCKI, 2000, v. 8, p. 277 *et seq.*
[106] ASSIS, 2004b, p. 227 *et seq.*
[107] CAHALI, 1999.

Art. 492. É competente a execução contra:
[...]
§ 5º O sucessor singular, sendo a ação real;
§ 6º O comprador ou possuidor de bens hipotecados, segurados ou alienados em fraude de execução (art. 494); e em geral contra todos os que recebem causa do vencido, como comprador de herança.
Art. 494. Considerar-se-ão alienados em fraude de execução os bens do executado:
§ 1º Quando são litigiosos, ou sobre eles pende demanda;
§ 2º Quando a alienação é feita depois da penhora, ou proximamente a ela;
§ 3º Quando o possuidor dos bens tinha razão para saber que pendia demanda, e outros bens não tinha o executado por onde pudesse pagar.

É interessante destacar que no Regulamento 737 foram introduzidos alguns vestígios do direito romano, de tal forma que a execução fosse direcionada contra a pessoa do devedor, no caso de inadimplemento da obrigação, sendo, portanto, permitida sua prisão civil, conforme previsão do art. 574, que se transcreve:

Art. 574. Se o vencido não tiver com que pague a estimação da causa, que alienou em fraude de execução, será preso até pagar ou até um ano se antes não pagar.

Com o advento da república e da Constituição Republicana, promulgada em 24 de fevereiro de 1891, instalou-se um sistema normativo que comportava uma divisão de competência para legislar sobre processo entre União e Estados-Membros. Neste período, quase todos os ordenamentos processuais estaduais limitaram-se a copiar velhos preceitos herdados das Ordenações do Reino, adotando aquelas disposições relacionadas à fraude à execução existentes nos Decretos 737 e 763.

Tais preceitos foram também seguidos, posteriormente, pelo CPC de 1939 (Decreto-Lei nº 1.608, de 18.09.1939), em seu art. 895, III, quando já restabelecida a unidade legislativa em matéria processual, ocasião em que os Estados passaram a ter apenas competência supletiva em matéria processual (CF 1934). O art. 895 do CPC de 1939 outorgou ao instituto da fraude à execução praticamente o mesmo tratamento concedido na atualidade, apresentando a seguinte redação:

Art. 895. A alienação de bens considerar-se-á em fraude de execução:
I – quando sôbre êles fôr movida ação real ou reipersecutória;
II – quando, ao tempo da alienação, já pendia contra o alienante demanda capaz de alterar-lhe o patrimônio, reduzindo-o à insolvência;
III – quando transcrita a alienação depois de decretada a falência;
IV – nos casos expressos em lei.

Finalmente, a fraude à execução recebeu tratamento nos arts. 592, V, e 593 do CPC vigente, no Capítulo IV, Título I, Livro II, que trata do Processo de Execução, sob o título de responsabilidade patrimonial. O diploma processual vigente, depois de estabelecer a regra de sujeição à execução dos bens "alienados ou gravados com ônus real em fraude de execução" (art. 592. V), declina, no art. 593, os casos em que a alienação ou oneração dos bens ocorre em fraude de execução, como segue: I. Quando sobre eles pender ação fundada em direito real; II. Quando, ao tempo da alienação ou oneração, corria contra o devedor demanda capaz de reduzi-lo à insolvência; III. Nos demais casos expressos em lei.

Traçando um comparativo entre a atual redação do CPC e o disposto no Regulamento 737 de 1850, observa-se que a pena cominada para a prática da fraude era bastante mais rigorosa que a atual. Enquanto esta se limita à imposição de pena pecuniária por considerar a fraude à execução como ato atentatório à dignidade da justiça (art. 600, I),[108] o Regulamento punia com pena de prisão, até um ano ou até a data do pagamento, quem praticava a fraude e não tinha como pagar o valor devido.

Na comparação do tratamento dado à fraude no art. 593 do CPC em vigor com o previsto no art. 895 do Código de 1939, é fácil constatar diferenças, sendo mais visível o fato de que neste a lei somente se referia à "alienação", enquanto no atual estatuto processual a lei faz referência, também, aos atos de oneração. Também houve um aperfeiçoamento na redação atual com a substituição da expressão "ação real" por "ação fundada em direito real" e cancelando a referência à ação reipersecutória, que era de conceito controvertido. Por fim, observa-se que na atual redação não consta, expressamente, a hipótese de "alienação depois de decretada a falência" existente no Código de 1939, havendo, no entanto, uma previsão mais abrangente no inciso III do art. 593, uma vez que considera a hipótese de fraude à execução "nos demais casos expressos em lei".[109]

7.3. A fraude à execução no direito comparado

O instituto da fraude à execução, conforme já afirmado, é uma criação do direito brasileiro, não havendo figura semelhante na le-

---
[108] Ver item 10.1.
[109] CAIS, 2005, p. 111.

gislação estrangeira.[110] Nem mesmo em Portugal, também herdeiro das antigas Ordenações, floresceu o instituto.[111] A inexistência de instituto semelhante nas legislações alienígenas decorre de certas peculiaridades da execução nestas legislações, que tornam dispensável a previsão da fraude à execução e dos meios de combatê-la.

Neste ponto, refere Cahali que os estatutos processuais alienígenas não inserem regras especiais para a composição da figura da fraude à execução como instituto autônomo e definido; daí preconizar a doutrina respectiva a compreensão dos atos assim praticados, em geral, no elastério da ação revocatória ou pauliana, disciplinada pelo direito material.[112]

O confronto dessas legislações, conclui Cahali, "se presta, assim, pra demonstrar que, no direito alienígena, aquilo que entre nós configura a fraude à execução, com disciplina no Código de Processo Civil, representaria a modalidade especiosa da fraude contra credores".[113]

A ausência de figura similar a da fraude à execução no direito alienígena pode ser explicada pelas peculiaridades de cada um dos sistemas jurídicos de forma que o Processo de Execução não necessita deste instituto genuinamente brasileiro, como ocorre, por exemplo, na Alemanha, em Portugal, na Itália e na Espanha. Esta situação existente nos países mencionados ocorre em razão de diversos fatores dentre os quais destaca-se a força do sistema registral que protege de forma quase absoluta os usuários do sistema normativo.[114]

7.3.1. Direito Alemão

Na Alemanha, a ação pauliana está regulada pela *Anfechtungsgesetz* (Lei de Impugnação), de 05.10.1994.

O objetivo da lei é não permitir que o devedor desvie o seu patrimônio a terceiro antes que se possa realizar a penhora, pelo *Gerichtsvollzieher*, órgão auxiliar da justiça de primeira instância,[115] cuja função se assemelha à do oficial de justiça brasileiro neste ponto.

---

[110] Conforme CAHALI, 1999, p. 467; OLIVEIRA, 1998, p. 53; CAIS, op. cit, p. 111; SOUZA, 2002, p. 65; CÂMARA, 2001, v. 2, p. 180; TEIXEIRA, 1986, p. 226, entre outros.
[111] OLIVEIRA, op. cit., 1998, p. 53.
[112] CAHALI, 1999, p. 85.
[113] Ibidem, p. 86.
[114] Ibidem, nº 58, p. 157.
[115] JAUERING, Othmar. *Zwangsvollstreckungs – und insolvenzrecht*. 21. ed. Munique: Beck, 1999, p. 39.

Não fosse assim, esclarecem Brox e Walker, seria possível ao devedor prejudicar o seu credor pela doação de bens a parentes ou satisfação de outros credores.[116]

O exercício do direito de impugnação se dá mediante a ação do credor prevista no §11, 1 da *Anfechtungsgesetz*, contra o destinatário do patrimônio (*Empfänger des Gegenstandes*) – contra seu respectivo patrimônio – ou, ainda, contra seu sucessor, respeitadas as limitações legais[117] (§ 15, 1 e 2 da AnfG).[118]

Assim, portanto, a ação de impugnação prevista na AnfG incide apenas quando os atos de alienação do devedor acarretarem prejuízo efetivo ao credor, como afirmam Brox e Walker: "anfechtbar sind die Rechtshandlungen des Schuldners nur dann, wenn sie zu einer 'objektiven Benachteilung' des Gläubigers geführt haben".[119]

Também na ZPO (*Zivilprozeβordnung*), que é o Código de Processo Civil alemão, existem dispositivos que visam a proteger o direito de crédito do credor contra atos de disposição de bens praticados pelo devedor. Tais dispositivos tratam da alienação da coisa litigiosa.

A litispendência não exclui o direito de uma ou outra parte de alienar ou fazer valer a pretensão de ceder a coisa litigiosa, conforme disposto no § 265 da ZPO.

Entretanto, ao sucessor (adquirente da coisa litigiosa) só é permitido integrar a relação processual quando a parte adversa consentir, pois, do contrário, o processo seguirá normalmente entre as partes. Uma vez realizada a sucessão processual, a sentença será proferida apenas em relação a ele, inclusive no que diz respeito às custas processuais.[120]

No caso do § 266, II, tem o sucessor "o direito de assumir o processo somente com a autorização do adversário (e sem a do alienador, o que, todavia, é controvertido), mas também com o ônus que supõe que a gestão processual de seu causante produza efeitos contra ele".[121]

---

[116] BROX, Hans; WALKER, Wolf-D. *Zwangsvollstreckungsrecht*. 7. ed. Berlim: Heymann, 2003, p. 166 *et seq.*

[117] Em caso de bem imóvel, por exemplo, o herdeiro do destinatário só será atingido caso tenha recebido o bem objeto da impugnação. Não se inclui aí, a situação em que o destinatário aliena o bem e o seu herdeiro sucessor recebe o produto da venda. (Ibidem, p. 167.)

[118] Ibidem, p. 166.

[119] BROX; WALKER, 2003, p. 166.

[120] GREGER, Reinhard. § 265. In: ZÖLLER, Richard. *Zivilprozeβordnung*. 21. ed. Colonia: Dr. Otto Schmidt, 1999, p. 756.

[121] GOLDSCHMIDT, 2003, p. 32.

Ainda, não sendo encontrados bens suficientes para a garantia da execução, requerendo a parte autora, o *Gerichtsvollzieher* procederá na convocação do executado, para uma audiência pessoal, para que forneça informações sobre os seus bens sob a forma de inventário e preste o juramento de manifestação (*Eidesstattliche Versicherung*, ZPO, § 807) de que nada omitiu, sob pena de prisão até seis meses (ZPO, § 913).

7.3.2. Direito Português

O Direito português apresenta como meio de conservação da garantia patrimonial, ao lado da sub-rogação e do arresto, o instituto denominado como "impugnação pauliana". Trata-se do meio de reação dos credores contra os atos de natureza não pessoal do devedor que afetam a garantia patrimonial. A sua finalidade "é assegurar a garantia patrimonial pela impugnação de qualquer alienatio in fraudem *creditorum* e o seu fundamento último é o próprio direito de execução consagrado no art. 817º do CC".[122]

Pela *actio* Pauliana podem ser impugnados todos os atos de disposição ou oneração do patrimônio do devedor, bem como, por exemplo, a renúncia a direitos de caráter patrimonial, o cumprimento de deveres não exigíveis (art. 615º, nº 2, CC), a assunção de dívidas ou a concessão de liberalidades. Impugnáveis são, por isso, "todos os actos não pessoais que diminuam o activo ou aumentem o passivo do devedor".[123]

São condições da impugnação pauliana, conforme disposto nos atigos 610º e 612º do CC: a) ser o crédito anterior ao ato impugnado ou, se for posterior, ter sido o ato realizado dolosamente com o fim de impedir a satisfação do direito do futuro credor; b) que do ato resulte impossibilidade para o credor obter a satisfação do seu crédito ou agravamento dessa impossibilidade; c) tratando-se de ato oneroso é necessário que o devedor e o terceiro tenham agido de má-fé.[124]

---

[122] TEIXEIRA DE SOUZA, Miguel. *Acção executiva singular*. Lisboa: Lex, 1998, p. 224-225.

[123] Ibidem, p. 225.

[124] Impugnação pauliana. ARTIGO 610º (Requisitos gerais) Os actos que envolvam diminuição da garantia patrimonial do crédito e não sejam de natureza pessoal podem ser impugnados pelo credor, se concorrerem as circunstâncias seguintes: a) Ser o crédito anterior ao acto ou, sendo posterior, ter sido o acto realizado dolosamente com o fim de impedir a satisfação do direito do futuro credor; b) Resultar do acto a imposibilidade, para o credor, de obter a satisfação integral do seu crédito, ou agravamento dessa impossibilidade. ARTIGO 612º (Requisito da má fé) 1. O acto oneroso só está sujeito à impugnação pauliana se o devedor e o terceiro tiverem agido de má fé; se o acto for gratuito, a impugnação procede, ainda que um e outro agissem de boa fé. 2. Entende-se por má fé a consciência do prejuízo que o acto causa ao credor.

Julgada procedente a impugnação, o credor que a tenha requerido tem o direito à restituição dos bens na medida do seu interesse e pode executá-los no patrimônio do terceiro obrigado à restituição, bem como praticar os atos de conservação da garantia patrimonial autorizados por lei (art. 616º, n⁰ˢ 1 e 4 do CC[125]).[126] Com efeito, assinala Frederico Cais que "referida impugnação não tem o efeito de anular o ato fraudulento, de modo a fazer o bem alienado retornar ao patrimônio do credor, mas sim o de permitir que a execução alcance o bem no patrimônio do obrigado à restituição (art. 616, I)".[127]

O artigo 819º do CC português prevê que todos os atos que o executado pratique em prejuízo do fim da ação executiva são ineficazes em relação ao exeqüente e aos credores concorrentes:

ARTIGO 819º
(Disposição ou oneração dos bens penhorados)
Sem prejuízo das regras do registo, são ineficazes em relação ao exequente os actos de disposição ou oneração dos bens penhorados.

Ao comentar tal dispositivo, Fernando Amâncio Ferreira afirma não ser necessária a nulidade da alienação de bem penhorado, pois a penhora não impede de o executado dispor de seus bens. Portanto, é suficiente a sua ineficácia, que é relativa e "só opera na direcção da execução, mantendo-se o negócio eficaz em qualquer outra direcção".[128]

Trata-se, portanto, de situação semelhante à existente no ordenamento brasileiro. Assim, no caso de o terceiro adquirente dos bens penhorados pagar ao exeqüente e aos credores com garantia real sobre os bens o que lhes é devido, fica sendo proprietário dos bens que comprou, por ser válida a compra. O mesmo acontece nos demais casos de extinção da execução, ou ainda, no caso de ela ser anulada ou

---

[125] ARTIGO 616º (Efeitos em relação ao credor) 1. Julgada procedente a impugnação, o credor tem direito à restituição dos bens na medida do seu interesse, podendo executá-los no património do obrigado à restituição e praticar os actos de conservação da garantia patrimonial autorizados por lei.[...] 4. Os efeitos da impugnação aproveitam apenas ao credor que a tenha requerido.

[126] TEIXEIRA DE SOUZA, op. cit., p. 226.

[127] A) CAIS, 2005, p. 114. B) Código Civil Português: Artigo 616º. (Efeitos em relação ao credor) 1. Julgada procedente a impugnação, o credor tem direito à restituição dos bens na medida do seu interesse, podendo executá-los no património do obrigado à restituição e praticar os actos de conservação da garantia patrimonial autorizados por lei. 2. O adquirente de má fé é responsável pelo valor dos bens que tenha alienado, bem como dos que tenham perecido ou se hajam deteriorado por caso fortuito, salvo se provar que a perda ou deterioração se teriam igualmente verificado no caso de os bens se encontrarem no poder do devedor. 3. O adquirente de boa fé responde só na medida do seu enriquecimento. 4. Os efeitos da impugnação aproveitam apenas ao credor que a tenha requerido.

[128] FERREIRA, 1999, p. 174. Nesse sentido; ANSELMO DE CASTRO, Artur. *Acção executiva singular por quantia certa*. 3. ed. Coimbra: Coimbra, 1977, p. 156. Ver infra, item 7.6.3.2.

ficar sem efeito por qualquer motivo. Tal situação assemelha-se ao que ocorre no caso de alienação da coisa litigiosa: o processo continua em face do alienante, porém, com efeito para o terceiro adquirente. O alienante fica em juízo como substituto processual do adquirente. O executado alienante continua a ser sujeito passivo da execução.[129]

Observa-se que a penhora de bens imóveis, conforme disposto no art. 838º, nº 4, do CPC português, produz efeitos em relação a terceiros, desde o seu registro.[130]

Também no direito português, os embargos de terceiro podem ser utilizados por quem não seja parte na ação executiva e visam a impugnar a legalidade da penhora e a obter seu levantamento. Assim, se o registro do direito alegado pelo terceiro embargante for posterior ao registro da penhora, em regra, os embargos não podem proceder, dado que a penhora anteriormente registrada se tornou oponível a terceiros (art. 838º, nº 4). O terceiro só pode fazer valer um eventual direito de indenização contra o responsável pela perda do seu direito real sobre o bem penhorado.[131]

É oportuno destacar a existência no direito português da denominada "ação de reivindicação" a qual também pode ser utilizada como meio de oposição de um terceiro à penhora. O fundamento dessa ação "pode ser a propriedade do terceiro (art. 1311º, nº 1, CC) ou outro direito real desse sujeito sobre o bem penhorado (art. 1315 CC)".[132]

O Código de Processo Civil português, em seu art. 55º, determina no nº 1 que a execução tem de ser promovida pela pessoa que no título executivo figure como credor e deve ser instaurada contra a pessoa que no título tenha a posição de devedor. Portanto, o referido artigo traz como regra geral que deve ter legitimidade, como executado, aquele que se diga devedor. Na verdade o preceito exige que o devedor da obrigação figure como tal no título executivo.[133]

No artigo 56º, o nº 1 prevê que tenha havido sucessão no direito ou na obrigação constante no título, para consentir que, neste caso, a execução corra entre os sucessores, e estes, como é óbvio, não figuram no título. Pelo nº 2 do mesmo artigo, o possuidor de bens onerados com garantia tem legitimidade passiva, quando a obriga-

---

[129] FERREIRA, 1999, p. 174.
[130] ARTIGO 838º (Efectivação da penhora de imóveis) [...] 4. Em relação a terceiros, a penhora só produz efeitos desde a data do registo, o qual terá por base uma certidão do respectivo termo.[...]
[131] TEIXEIRA DE SOUZA, 1998, p. 306.
[132] Ibidem, p. 317.
[133] LOPES-CARDOSO, Eurico. *Manual da acção executiva*. Coimbra: Almedina, 1992, p. 96.

ção exeqüenda esteja provida dessa garantia. Trata-se, portanto, de exceções à regra geral do art. 55º.[134] Note-se que o termo "sucessão", na hipótese do nº 1, é empregado em sentido lato e "abrange todos os modos de transmissão das obrigações previstos no art. 703 do Código Civil, isto é, tanto mortis causa como entre vivos", enquanto a sucessão de que trata o nº 2 "é a que se opera antes de instaurada a acção executiva".[135]

A regra geral do art. 55º sofre, ainda, outra exceção, pelo art. 57º, quando prevê a exeqüibilidade da sentença contra terceiros, de forma a permitir que a execução de sentença condenatória possa ser promovida "não só contra o devedor, mas ainda contra as pessoas em relação às quais a sentença tenha força de caso julgado".[136]

Assim, quando o título executivo é uma sentença, a legitimidade passiva para a execução é alargada às pessoas que, mesmo não tendo sido por ela condenadas, são alcançadas pela coisa julgada, "pois o âmbito subjectivo da eficácia executiva do título coincide, no caso da sentença, com o âmbito da eficácia subjectiva do caso julgado".[137]

Esta extensão da eficácia subjetiva da sentença ocorre, entre outros, nos casos onde há transmissão da situação jurídica do réu, por ato entre vivos, sem subseqüente intervenção do adquirente no processo. Nesta hipótese, há coisa julgada perante o adquirente, desde que a transmissão seja posterior à propositura da ação ou, estando sujeita a registro, seja registrada depois do registro da ação, nos termos do art. 271º, nº 3, do CPC português.[138]

O art. 271º do CPC português trata da legitimidade do transmitente e da substituição das partes no feito, bem como dispõe com relação ao direito litigioso:

Art. 271º
(Legitimidade do transmitente – Substituição deste pelo adquirente)

---

[134] ARTIGO 56º (Desvios à regra geral da determinação da legitimidade) 1. Tendo havido sucessão no direito ou na obrigação, deve a execução correr entre os sucessores das pessoas que no título figuram como credor ou devedor da obrigação exequenda. No próprio requerimento para a execução deduzirá o exequente os factos constitutivos da sucessão. 2. A execução por dívida provida de garantia real sobre bens de terceiro seguirá directamente contra este, se o exequente pretender fazer valer a garantia, sem prejuízo de poder desde logo ser também demandado o devedor.[...]

[135] LOPES-CARDOSO, op. cit., p. 99.

[136] ARTIGO 57º (Exequibilidade da sentença contra terceiros) A execução fundada em sentença condenatória pode ser promovida, não só contra o devedor, mas ainda contra as pessoas em relação às quais a sentença tenha força de caso julgado.

[137] FREITAS, José Lebre de. *A acção executiva*. Coimbra: Coimbra, 1993, p. 105.

[138] Ibidem, p. 106.

1. No caso de transmissão, por acto entre vivos, da coisa ou direito litigioso, o transmitente continua a ter legitimidade para a causa, enquanto o adquirente não for, por meio de habilitação, admitido a substituí-lo.
2. A substituição é admitida quando a parte contrária esteja de acordo. Na falta de acordo, só deve recusar-se a substituição quando se entenda que a transmissão foi efectuada para tornar mais difícil, no processo, a posição da parte contrária.
3. A sentença produz efeitos em relação ao adquirente, ainda que este não intervenha no processo, excepto no caso de a acção estar sujeita a registo e o adquirente registar a transmissão antes de feito o registo da acção.

Verifica-se, portanto, que a alienação da coisa ou do direito litigioso é expressamente admitida pelo disposto no art. 271 do Código de Processo Civil português, sem a necessidade de alteração do pólo passivo da demanda, assemelhando-se ao art. 111 do CPC italiano e ao art. 42 do CPC brasileiro. É permitida, porém, a substituição do devedor pelo adquirente, desde que haja concordância do credor. Da leitura do dispositivo, constata-se, ainda, "que o Código lusitano admite a substituição das partes, apenas fazendo ressalva, no particular, se ela vier a tornar mais difícil a demanda",[139] ou seja, não havendo concordância da parte contrária, "a substituição das partes só deve ser indeferida se o juiz constatar que a transmissão tiver sido efetuada para tornar mais difícil no processo a posição do credor".[140]

Outra situação a se destacar é a exceção à regra geral de que a sentença produz efeitos em relação ao adquirente ainda que este não intervenha no processo. A exceção diz respeito à realização do registro da ação, "de tal forma que, se não ocorrer e vier o direito do adquirente a ser primeiro registrado do que aquela, os efeitos da sentença não o poderão atingir".[141] Se a ação não está sujeita a registro, como sucede com as que têm por objeto coisas móveis, a execução pode ser movida diretamente contra o adquirente mesmo que no ato da aquisição dessas coisas ele ignorasse a existência do litígio.[142]

7.3.3. Direito Italiano

No direito italiano, embora não exista o instituto da fraude à execução, existem regras para a hipótese de transferência da coisa

---
[139] OLIVEIRA, 1998, p. 55.
[140] CAIS, 2005, p. 112.
[141] OLIVEIRA, op. cit, p. 55.
[142] LOPES-CARDOSO, 1992, p. 107.

litigiosa, as quais guardam semelhança com as previstas no art. 42 do CPC brasileiro.

Em seu art. 111, inserido no título "sucessão a título particular no direito controvertido", o Códice di Procedura Civile prevê que se durante o processo ocorrer a transferência do direito litigioso por ato entre vivos, o processo seguirá entre as partes originárias. Se a transferência ocorrer em razão de morte, o processo prosseguirá pelo sucessor universal ou contra ele. Assim prescreve o referido artigo:

> Art. 111. (Successione a titolo particolare nel diritto controverso)
> Se nel corso del processo si trasferisce il diritto controverso per atto tra vivi a titolo particolare, il processo prosegue tra le parti originarie. Se il trasferimento a titolo particolare avviene a causa di morte, il processo e' proseguito dal successore universale o in suo confronto.
> In ogni caso il successore a titolo particolare puo' intervenire o essere chiamato nel processo e, se le altre parti vi consentono, l'alienante o il successore universale puo' essere estromesso.
> La sentenza pronunciata contra questi ultimi spiega sempre i suoi effeti anche contro il successore a titolo particolare ed e' impugnabile anche da lui, salve le norme sull' acquisto in buona fede dei mobili e sulla trascrizione.[143]

Observa-se que o artigo 111 prevê que, em qualquer destas situações, o sucessor a título particular pode intervir no processo ou ser chamado no processo e, se a outra parte o consentir, o alienante ou o sucessor universal pode ser excluído da lide.

A sentença pronunciada contra o alienante ou sucessor universal estende seus efeitos também contra o sucessor a título particular e é também por ele impugnável, salvo as regras sobre a aquisição de boa-fé de bens móveis e sobre a transcrição, o que remete aos artigos 1153 e 2643 do Código Civil italiano.

Segue a transcrição dos mencionados artigos conforme a redação original:

> Art. 1153. Effetti dell'acquisto del possesso
> Colui al quale sono alienati beni mobili da parte di chi non ne è proprietario, ne acquista la proprietà mediante il possesso, purché sia in buona fede al momento della consegna e sussista un Titolo idoneo al trasferimento della proprietà.

---

[143] Conforme tradução de José Sebastião de Oliveira: "Se no curso do processo se transfere o direito controvertido por ato entre vivos a título particular, o processo prossegue entre as partes originárias. Se a transferência a título particular advém por causa de morte, o processo prossegue pelo sucessor universal, ou contra ele. Em ambos os casos, o sucessor, a título particular, pode intervir ou ser chamado ao processo e, se a outra parte o consentir, o alienante ou o sucessor universal pode ser excluído. A sentença pronunciada contra esses últimos estende sempre seus efeitos também contra o sucessor a título particular e é também por ele impugnável, salvo as regras sobre aquisição de boa-fé de móveis (CC, art. 1153) e sobre a transcrição (CC, art. 2.643)". (OLIVEIRA, 1998, p. 53.)

La proprietà si acquista libera da diritti altrui sulla cosa, se questi non risultano dal Titolo e vi è la buona fede dell'acquirente.

Nello stesso modo si acquistano diritti di usufrutto, di uso e di pegno (981, 1021, 2784).

Art. 2652. Domande riguardanti atti soggetti a trascrizione. Effetti delle relative trascrizioni rispetto ai terzi

Si devono trascrivere, qualora si riferiscano ai diritti menzionati nell'art. 2643, le domande giudiziali (Cod. Proc. Civ. 163) indicate dai numeri seguenti, agli effetti per ciascuna di esse previsti (att. 225 e seguenti): le domande di risoluzione dei contratti (1453) e quelle indicate dal secondo comma dell'art. 648 e dall'ultimo comma dell'art. 793, le domande di rescissione (1447 e seguenti), le domande di revocazione delle donazioni (800 e seguenti), nonché quelle indicate dall'art. 524.

Le sentenze che accolgono tali domande non pregiudicano i diritti acquistati dai terzi in base a un atto trascritto o iscritto (2827 2848) anteriormente alla trascrizione della domanda; le domande dirette a ottenere l'esecuzione in forma specifica dell'obbligo a contrarre (1706, 2932).

La trascrizione della sentenza che accoglie la domanda prevale sulle trascrizioni e iscrizioni eseguite contro il convenuto dopo la trascrizione della domanda; le domande dirette a ottenere l'accertamento giudiziale (Cod. Proc. Civ. 216 e seguenti) della sottoscrizione di scritture private (2702 e seguenti) in cui si contiene un atto soggetto a trascrizione o iscrizione. La trascrizione o l'iscrizione dell'atto contenuto nella scrittura produce effetto dalla data in cui è stata trascritta la domanda; le domande dirette all'accertamento della simulazione (1414 e seguenti) di atti soggetti a trascrizione (2690).

La sentenza che accoglie la domanda non pregiudica i diritti acquistati dai terzi di buona fede in base a un atto trascritto o iscritto (2827, 2848) anteriormente alla trascrizione della domanda; le domande di revoca degli atti soggetti a trascrizione, che siano stati compiuti in pregiudizio dei creditori (2901).

La sentenza che accoglie la domanda non pregiudica i diritti acquistati a titolo oneroso dai terzi di buona fede in base a un atto trascritto o iscritto anteriormente alla trascrizione della domanda; le domande dirette a far dichiarare la nullità (1418 e seguenti) o a far pronunziare l'annullamento (1425 e seguenti) di atti soggetti a trascrizione e le domande dirette a impugnare la validità della trascrizione. Se la domanda è trascritta dopo cinque anni dalla data della trascrizione dell'atto impugnato, la sentenza che l'accoglie non pregiudica i diritti acquistati a qualunque titolo dai terzi di buona fede in base a un atto trascritto o iscritto anteriormente alla domanda. Se però la domanda è diretta a far pronunziare l'annullamento per una causa diversa dall'incapacità legale, la sentenza che l'accoglie non pregiudica i diritti acquistati dai terzi di buona fede in base a un atto trascritto o iscritto anteriormente alla trascrizione della domanda, anche se questa è stata trascritta prima che siano decorsi cinque anni dalla data della trascrizione dell'atto impugnato, purché in questo caso i terzi abbiano acquistato a titolo oneroso (1445; att. 227); le domande (533) con le quali si contesta il fondamento di un acquisto a causa di morte (457).

Salvo quanto è disposto dal secondo e dal terzo comma dell'art. 534, se la trascrizione della domanda è eseguita dopo cinque anni dalla data della trascrizione dell'acquisto, la sentenza che accoglie la domanda non pregiudica i terzi di buona fede che, in base a un atto trascritto o iscritto anteriormente alla trascrizione della domanda, hanno a qualunque titolo acquistato diritto da chi appare erede o legatario (att. 227); le domande di riduzione delle donazioni e delle disposizioni testamentarie per lesione di legittima (554 e seguenti).

Se la trascrizione è eseguita dopo dieci anni dall'apertura della successione, la sentenza che accoglie la domanda non pregiudica i terzi che hanno acquistato a titolo oneroso diritti in base a un atto trascritto o iscritto anteriormente alla trascrizione della domanda (561; att. 227); le domande di revocazione e quelle di opposizione di terzo contro le sentenze soggette a trascrizione per le cause previste dai nn. 1, 2, 3 e 6 dell'art. 395 Cod. Proc. Civ. e dal secondo comma dell'art. 404 dello stesso codice.

Se la domanda è trascritta dopo cinque anni dalla trascrizione della sentenza impugnata, la sentenza che l'accoglie non pregiudica i diritti acquistati dai terzi di buona fede in base a un atto trascritto o iscritto anteriormente alla trascrizione della domanda (att. 226 e seguenti).

Alla domanda giudiziale è equiparato l'atto notificato con il quale la parte, in presenza di compromesso o di clausola compromissoria, dichiara all'altra la propria intenzione di promuovere il procedimento arbitrale, propone la domanda e procede, per quanto le spetta, alla nomina degli arbitri.

Refere Liebman que "em outros tempos, com o objetivo de tutelar a razão da parte contrária, era vedada a alienação da res litigiosa; revogada esta proibição, vem sancionada a regra da continuação do processo com a parte originária e a extensão de seus efeitos ao sucessor".[144] Em dois casos apenas a sentença não é oponível ao sucessor a título particular que não interveio no processo: a) Se ele adquiriu a propriedade de um bem móvel independentemente do direito de quem lhe transferiu, nos termos do art. 1.153 do Código Civil, isto é, de boa-fé; e, b) se a sentença foi proferida numa demanda que devia ser transcrita, e o adquirente (sucessor) transcreveu seu ato de aquisição anteriormente à transcrição da demanda (art. 2.652 do Código Civil).[145]

Ainda, no direito italiano, caso o devedor pratique atos de disposição de bens de sua propriedade com o propósito de subtraí-los à execução em fraude atentatória ao direito de crédito, é possível obter tutela preceituando "a ineficácia do ato de disposição, para que o bem retorne ao patrimônio do credor ou, quando menos, fique vinculado à garantia do credor".[146]

Nesse sentido, duas são as modalidades de fraude atentatórias ao direito de crédito no direito italiano: uma é a fraude contratual,

---

[144] LIEBMAN, Enrico Tullio. Il titolo esecutivo riguardo ai terzi. *Rivista di Diritto Processuale Civile*, Milano, v. 11, nº 1, 1934, p. 127.

[145] LIEBMAN, 1934, p. 127.

[146] CARNELLUTTI, Francesco. *Sistema de direito processual civil*. Tradução Hiltomar Martins Oliveira. São Paulo: Classic Book, 2000, v. 2, p. 715.

praticada por meio de contrato que tenha por objeto a alienação do bem; outra é a fraude processual, a qual ocorre por meio de uma sentença que certifique a propriedade do bem ao terceiro em lugar do devedor (por exemplo, o terceiro que propõe uma demanda reivindicatória contra o devedor, que, a seu turno, atua de modo a fazê-la prosperar).[147] Como forma de combater essas duas modalidades de fraude previstas no direito italiano, o credor dispõe da chamada *opposizione di terzo*, prevista no art. 404 do CPC italiano, para buscar a ineficácia da sentença obtida com a utilização da fraude processual; e, para retirar a eficácia parcial do negócio jurídico de alienação, dispõe ele da ação pauliana ou revocatória, regulada pelos arts. 2.901 e seguintes do Código Civil e prevista também na Lei de Falências (arts. 64 e seguintes).[148]

A ação pauliana está prevista nos arts. 2901 e seguintes do Código Civil Italiano:

Sezione II: Dell'azione revocatoria

Art. 2901. (Condizioni) Il creditore, anche se il credito è soggetto a condizione (13531 o a termine, può domandare che siano dichiarati inefficaci nei suoi confronti gli atti di disposizione del patrimonio coi quali il debitore rechi pregiudizio alle sue ragioni (206, 1113, 2740) quando concorrono le seguenti condizioni: che il debitore conoscesse il pregiudizio che l'atto arrecava alle ragioni del creditore o, trattandosi di atto anteriore al sorgere del credito, l'atto fosse dolosamente preordinato al fine di pregiudicarne il soddisfacimento; che, inoltre, trattandosi di atto a titolo oneroso, il terzo fosse consapevole del pregiudizio, e, nel caso di atto anteriore al sorgere del credito, fosse partecipe della dolosa preordinazione. Agli effetti della presente norma, le prestazioni di garanzia (1936, 1960, 2784, 2808), anche per debiti altrui, sono considerate atti a titolo oneroso, quando sono contestuali al credito garantito. Non è soggetto a revoca l'adempimento di un debito scaduto. L'inefficacia dell'atto non pregiudica i diritti acquistati a titolo oneroso dai terzi di buona fede, salvi gli effetti della trascrizione (2652) della domanda di revocazione.

Art. 2902. (Effetti) Il creditore, ottenuta la dichiarazione di inefficacia, può promuovere nei confronti dei terzi acquirenti le azioni esecutive o conservative sui beni che formano oggetto dell'atto impugnato. Il terzo contraente, che abbia verso il debitore ragioni di credito dipendenti dall'esercizio dell'azione revocatoria, non può concorrere sul ricavato dei beni che sono stati oggetto dell'atto dichiarato inefficace, se non dopo che il creditore è stato soddisfatto.

Art. 2903. (Prescrizione dell'azione) L'azione revocatoria si prescrive in cinque anni dalla data dell'atto (2934 e seguenti).

Art. 2904. (Rinvio) Sono salve le disposizioni sull'azione revocatoria in materia fallimentare e in materia penale (c.p. 192 e seguenti).

---

[147] CARNELLUTTI, 2000, v. 2, p. 716.
[148] CAIS, 2005, p. 117.

À semelhança do ordenamento brasileiro, os pressupostos da pauliana no direito italiano são o *consilium fraudis* e o *eventus damni*. Com relação ao *eventus damni*, para autorizar o credor a impugnar o ato do devedor no exercício da livre faculdade de administrar e dispor de seus bens "non basta una semplice diminuzione di patrimonio. È d' uopo che questa diminuzione sia tale, che i creditori defraudati dall'atto che intendono impugnare, non abbiano modo di saddisfarsi completamente coi beni non alienati".[149] Ainda, conforme afirma Maierini, "è d' uopo altresì che l'insolvibilità preesista all' ato impugnato o derivi diretamente da esso".[150]

Com relação ao *consilium fraudis*, deverá o credor demonstrar:[151]

1) che il debitore conosceva l'esistenza dei loro crediti;
2) che egli conosceva altresì l'insufficienza del suo patrimonio a soddisfarli interamente, o che già sapesse di essere insolvibile al momento in cui compì l'atto impugnato, o che prevedesse di divenire insolvibile in forza dellátto medesimo.

Diferencia-se, contudo, com relação ao momento em que a fraude pode ocorrer, já que o direito italiano optou por admitir a revocatória "não só para o credor que já o era ao tempo do ato fraudulento, mas também quando se puder demonstrar que o ato de alienação, embora anterior à constituição do débito, foi preordenado dolosamente, com o fito de prejudicar o futuro credor".[152]

A revocatória no direito italiano presta-se para impugnar os atos de alienação fraudulentos e, igualmente, para coibir a fraude em atos de constituição de direitos reais limitados, dação em pagamento, prestação de garantias etc.

Uma vez acolhida, terá como efeito a ineficácia (parcial) do ato de alienação, o que significa que os bens alienados não retornarão ao patrimônio do devedor, e, destarte, poderá o credor promover a execução sobre referidos bens, como se o ato fraudulento não tivesse ocorrido.[153] Trata-se de ineficácia relativa e limitada, porquanto, declara o ato ineficaz perante o credor, como se os bens alienados jamais houvessem saído do patrimônio do devedor, atingindo somente o ato impugnado, na medida necessária para eliminar o prejuízo ocasionado ao autor da revocatória pelo ato fraudulento.[154]

---

[149] MAIERINI, Angelo. *Della Revoca degli atti fraudolenti*. 4. ed. Firenze: Fratelli Camelli, 1912, p. 164.
[150] Ibidem, p. 168.
[151] Ibidem, p. 188.
[152] THEODORO JÚNIOR, 1997, p. 90.
[153] Ibidem, p. 90.
[154] MAIERINI, 1912, p. 395-396.

Ainda, no que diz com a questão do registro dos atos judiciais, o Direito italiano prevê, no art. 2693, que deve ser transcrito, depois da notifiação, o despacho que ordena o seqüestro conservatório para os efeitos estabelecidos no art. 2906. Da mesma forma, determina o aludido artigo de lei que também o ato de penhora deve ser transcrito para os efeitos estabelecidos nos artigos 2913, 2914, 2915 e 2916.[155]

O art. 2913 do Códico Civil italiano trata da ineficácia da alienação realizada pelo devedor após a inscrição da penhora, apresentando a seguinte redação:

> Art. 2913. (Inefficacia delle alienazioni del bene pignorato) Non hanno effetto in pregiudizio del creditore pignorante e dei creditori che intervengono nell'esecuzione (Cod. Proc. Civ. 498 e seguenti) gli atti di alienazione dei beni sottoposti a pignoramento, salvi gli effetti del possesso di buona fede per imobili (1153 e seguenti) non iscritti in pubblici registri.

Já o art. 2914 trata dos negócios realizados antes de efetuado o registro, resguardando a posição dos terceiros de boa-fé:

> Art. 2914. (Alienazioni anteriori al pignoramento) Non hanno effetto in pregiudizio del creditore pignorante e dei creditori che intervengono nell'esecuzione (Cod. Proc. Civ. 498 e seguenti), sebbene anteriori al pignoramento:
> 1 le alienazioni di beni immobili o di beni mobili iscritti in pubblici registri (812 e seguenti), che siano state trascritte successivamente al pignoramento;
> 2 le cessioni di crediti (1260 e seguenti) che siano state notificate al debitore ceduto o accettate dal medesimo successivamente al pignoramento;
> 3 le alienazioni di universalità di mobili che non abbiano data certa (2704);
> 4 le alienazioni di beni mobili di cui non sia stato trasmesso il possesso anteriormente al pignoramento, salvo che risultino da atto avente data certa.

Realizando comparação do Direito italiano com o ordenamento brasileiro no que diz com a questão dos registros, refere Décio Erpen que o Código Civil italiano, mais especificamento no Livro VI, ao tratar da tutela dos direitos, "estabelece com minúcias os casos passíveis de registro, aludindo expressamente aos atos judiciais, e o faz com mais riqueza do que nosso sistema pátrio".[156]

---

[155] CC. Art. 2692. (Trascrizione del pignoramento e del seqüestro) – Deve essere trascritto, dopo la notificazione, il provvedimento che ordina il sequestro conservativo per gli effeti disposti dall art. 2906. Si deve trascrivere del pari i'atto di pignoramento per gli effetti disposti dagli articoli 2913, 2914, 2915, 2916.

[156] ERPEN, Décio Antônio. A fraude à execução e o desprestígio da função jurisdicional. *Direito e Justiça*, Porto Alegre, v. 12, nº 14, p. 224-248, p. 1990, p. 242.

7.3.4. Direito Espanhol

No Direito espanhol, o credor tem a seu dispor duas ações judiciais com o objetivo de buscar o patrimônio penhorável do devedor previstas na Ley de Enjuiciamiento Civil: a) a ação sub-rogatória (art. 1.111) e a ação pauliana (arts. 1.291, III, 1.297 e 1.298).

Pela ação sub-rogatória pretende o credor ser legitimado a perseguir créditos do devedor junto a terceiros, suprindo a omissão daquele em buscar adquiri-los para si.[157]

Já a ação pauliana ou revocatória é a ação própria para o credor obter a declaração de ineficácia, em relação a ele, dos atos do devedor que o coloquem em situação de insolvência patrimonial, tornando inexeqüíveis, no todo ou em parte, suas dívidas e obrigações.[158]

Os requisitos para a ação pauliana são:

a) existência, entre o autor da ação e o alienante de crédito pessoal ou com garantia real insuficiente para cobrir todo o seu valor.

b) o caráter fraudulento do ato de disposição, ou seja, ato consciente do devedor de reduzir seu patrimônio até o ponto de tornar impossível a satisfação dos credores.[159]

Na Espanha, não há disposição expressa a respeito da sucessão do transmitente da coisa ou do direito litigioso no processo, por ato entre vivos, contudo, em razão dessa omissão legal, a questão recebeu tratamento doutrinário e jurisprudencial.

Ainda, é importante registrar, no que tange à questão da eficácia da penhora perante terceiros, que no Direito espanhol "el embargo, como regla general, es plenamente eficaz frente a los terceros que sean titulares de derechos o gravámenes constituidos sobre los bienes embargados em fecha posterior a la de la traba". Como o executado conserva sua faculdade de disposição sobre os bens penhorados, se realizados são válidos e eficazes. O que ocorre é que "dichos actos jurídicos resultan inoponibles frente al ejecutante. Esto significa que el embargo subsiste, y que los bienes trabados pueden ser realizados forzosamente". Esta afirmação também é aplicável aos casos em que o executado transmite a um terceiro o bem penhorado.[160]

O princípio geral sofre algumas exceções. Tratando-se de bens móveis, a boa-fé do terceiro adquirente é decisiva. Só no caso de o

---

[157] CAIS, 2005, p. 119.
[158] DIEZ-PICAZO, Luiz; GUILLON, Antonio. *Sistema de derecho civil*. Madri: Tecnos, 1976, v. 2, p. 179.
[159] Ibidem, p. 179.
[160] CACHÓN CADENAS, Manuel. *El embargo*. Barcelona: Bosch, 1991, p. 78.

terceiro ter adquirido o bem com conhecimento da existência da penhora, esta será eficaz frente a ele (arg. Art. 464, I, CC). Em caso de bens imóveis, não basta a boa-fé do terceiro possuidor para negar a eficácia da penhora frente ao mesmo. A transmissão somente resultará oponível frente ao executante se concorrerem todos os requisitos previstos no art. 34, I LH, isto é, que se tenha realizado a título oneroso, que o terceiro adquirente tenha agido de boa-fé, que este tenha inscrito sua aquisição no Registro e que no momento da aquisição o bem figurasse inscrito em nome do executado. Ainda que a alienação tenha ocorrido antes da anotação preventiva da penhora, esta é eficaz frente ao terceiro adquirente se este conhecia a penhora ou tinha a possibilidade efetiva de conhecê-la.[161]

Além disso, a previsão legal contida no art. 1455 da Ley de Enjuiciamiento Civil, que permite ao juiz, não tendo sido indicados bens suficientes à garantia do juízo, atendendo a requerimento do credor, "dirigirse a todo tipo de registros públicos, organismos públicos y entidades financeiras, a fin de que faciliten la relación de bienes o derechos del deudor de que tengam constancia".[162]

Tal mecanismo, embora aparentemente eficiente no sentido de buscar dar efetividade ao processo de execução, não é suficiente para impedir artifícios fraudulentos por parte do devedor. Ademais, a norma sofre críticas por parte da doutrina, em razão da necessidade de requerimento ao juiz para posterior determinação deste e somente se o executado "no designare bienes o derechos suficientes sobre los que hacer la traba", pois a demora de tal procedimento será em prejuízo do credor,[163] "sin olvidar que el dirigirse a dichos Registros constituye uma facultad meramente potestativa del Juez".[164]

7.4. Conceito do instituto da fraude à execução

Conceituar o instituto da fraude à execução objeto específico deste estudo, não é tarefa fácil. Com efeito, o que se verifica na doutrina processualista é que, até o momento, os juristas, não se dispuseram a apresentar um conceito a esse instituto sem similar no direito comparado. Ao tratarem do tema, constumam estabelecer

---

[161] CACHÓN CADENAS, Manuel. op. cit., p. 79.
[162] MUÑOZ SABATÉ, L.L. El embargo y los terceros: conductas de colaboración y de frutración. *Revista Jurídica de Catalunya*, Barcelona, n° 1, p. 139-148, 1993, p. 139.
[163] CACHÓN CADENAS, 1991, p. 566.
[164] VASQUEZ BARROS, Sérgio. *Las tercerías:* bienes embargables, bienes inembargables. 2.ed. Barcelona: Bosch, 2005, p. 655.

uma comparação com o instituto da fraude contra credores, este sim, conceituado pela doutrina civilista, demonstrando as semelhanças e diferenças existentes entre eles.

José Sebastião de Oliveira, entretanto, após analisar as ponderações doutrinárias acerca do instituto da fraude à execução, ainda que passível de críticas, assim conceituou:

> a fraude à execução é um instituto de direito público inserido no direito processual civil, que tem por finalidade coibir e tornar ineficaz a prática de atos fraudulentos de disposição ou oneração de bens, de ordem patrimonial, levados a efeito por parte de quem já figura no pólo passivo de uma relação jurídica processual, como legitimado ordinário passivo (devedor demandado), visando com isso impedir a satisfação da pretensão deduzida em juízo por parte do autor da demanda (credor demandante), configurando verdadeiro atentado à dignidade da Justiça, cuja atividade jurisdicional já se encontrava em pleno desenvolvimento (CPC, art. 600).[165]

Trata-se de instituto "onde alguém, procurando fugir a responsabilidade patrimonial que lhe cabe, pratica atos de alienação ou oneração de bens em detrimento da garantia de futura execução e da dignidade da Justiça".[166]

Infere-se daí que a fraude à execução constitui-se em ato ou conjunto de atos praticados pelo devedor, após citado em demanda judicial, alienando ou onerando bens pertencentes a seu patrimônio, causando prejuízo ao credor e frustrando a execução.

Com tudo, para melhor compreender as questões envolvendo o instituto da fraude à execução é imprescindível a sua comparação com o instituto da fraude contra credores.

7.5. Fraude à execução e fraude contra credores: semelhanças e conflitos

Além da fraude à execução, objeto deste estudo, o ordenamento jurídico brasileiro prevê, ainda, a fraude contra credores, como outra espécie de fraude atentatória ao princípio da responsabilidade patrimonial. Em ambas, o desfalque indevido dos bens que deveriam assegurar a satisfação do direito dos credores é o fato fundamental.[167]

---

[165] OLIVEIRA, 1998, p. 64.

[166] OLIVEIRA NETO, Olavo de. O reconhecimento judicial da fraude de execução. In EXECUÇÃO civil: aspectos polêmicos. São Paulo: Dialética, 2005, p. 334.

[167] THEODORO JÚNIOR. Humberto. Fraude contra credores e fraude de execução. *Revista Síntese de Direito Civil e Processual Civil*, Porto Alegre, v. 2, nº 11, p. 141-159, maio/jun. 2001, p. 151.

A fraude contra credores, de que cuidam os arts. 158 e seguintes do Código Civil e a fraude à execução referida no CPC, no inciso V do art. 592 e no art. 593, distinguem-se não apenas pelas circunstâncias fáticas que as tipificam, mas especialmente pelas conseqüências jurídicas que delas resultam.

Para Maria Helena Diniz, a fraude contra credores "constitui a prática maliciosa, pelo devedor, de atos que desfalcam seu patrimônio, com o fim de colocá-lo a salvo de uma execução por dívidas em detrimento dos direitos creditórios alheios".[168]

Na mesma linha, diz Caio Mario Pereira constituir fraude contra credores "toda a diminuição maliciosa levada a efeito pelo devedor, com o propósito de desfalcar aquela garantia, em detrimento dos direitos creditórios alheios".[169] Assim, no entender de Caio Mário, não constitui fraude, portanto, a redução pelo devedor de seu ativo patrimonial, seja pela alienação de um bem, seja pela constituição de garantia em benefício de certo credor, seja pela solução de débito preexistente. A disposição dos bens pelo devedor é permitida, no entanto, "o que caracteriza como defeito, e sofre a repressão da ordem legal, é a diminuição maliciosa do patrimônio, empreendida pelo devedor, com ânimo de prejudicar os demais credores, ou com a consciência de causar dano".[170]

Ocorre a fraude contra credores, denominada também de fraude pauliana, quando o devedor aliena ou onera algum bem, ciente do prejuízo que causará a seus credores, pela falta de outros bens que lhes possam garantir a satisfação dos respectivos direitos. Concorrendo os requisitos do *consilium fraudis* e do *eventus damni*, o ato é considerado em fraude contra credores e pode ser anulado por meio da ação revocatória, também chamada de ação pauliana.[171]

O *consilium fraudis*, requisito de natureza subjetiva, refere-se à ciência do adquirente de que a transferência patrimonial está sendo feita com a intenção de prejudicar o credor, havendo conluio entre devedor e o terceiro para o alcance desse propósito.[172]

O segundo requisito, o *eventus damni*, de natureza objetiva, refere-se à insolvência do devedor decorrente da transferência patri-

---

[168] DINIZ, Maria Helena. *Código civil anotado*. 5.ed. São Paulo: Saraiva, 1999, p. 125.
[169] PEREIRA, Caio Mário da Silva. *Instituições de direito civil*. 8. ed. Rio de Janeiro: Forense, 1993, v. 1, p. 372.
[170] PEREIRA, 1993, p. 372
[171] MARQUES, 1997, v. 4, p. 75.
[172] Para Montenegro Filho, todavia, o *consilium fraudis* deve ser visto como comportamento do devedor, independente do conluio com o adquirente. MONTENEGRO FILHO, 2005, v. 2, p. 376.

monial, ocasionando efetivo prejuízo ao credor. Isto significa que, não há que se falar em fraude contra credores se a alienação de parte do patrimônio pelo devedor não comprometer o pagamento do débito que o ata ao credor.[173] [174]

A fraude à execução "também é um ato de fraude a credores, na medida que, reduzindo o devedor à insolvência, a eficácia do ato fraudulento frustraria as legítimas expectativas destes e a nada reduzir-se-ia a garantia geral dos débitos, representada pelo patrimônio daquele".[175] Neste sentido, já lecionava Ataliba Vianna, ao comentar o art. 895 do CPC de 1939, afirmando que a fraude à execução não seria nada mais que a fraude contra credores, quando os atos fraudulentos fossem praticados na pendência de demanda contra o autor de tais atos.[176]

Sem qualquer dúvida, ambos os institutos buscam a mesma finalidade, ou seja, dar proteção ao credor contra atos do devedor que subtraia bens do seu patrimônio, frustrando o recebimento do crédito pelo credor.

Entende Teori Zavascki que a fraude à execução "pode ser considerada uma especialização da fraude contra credores e se caracteriza pela maior gravidade, já que o ato fraudulento de alienação ou oneração de bens se dá quando já há em curso uma demanda judicial contra o proprietário",[177] e neste caso, a fraude adquire superlativa gravidade, uma vez que, conforme salienta Araken de Assis "o eventual negócio não agride somente ao círculo potencial de credores. Ele compromete, paralelamente, a própria efetividade da atividade jurisdicional do Estado, reclamando reação mais severa e lesta".[178]

Sobre o tema, merece transcrição a lição de Enrico Tullio Liebman:[179]

> A fraude toma aspectos mais graves quando praticada depois de iniciado o processo condenatório ou executório contra o devedor. É que então não só é mais patente que nunca o intuito de lesar os credores, como também a alienação dos bens do devedor

---

[173] MONTENEGRO FILHO, 2005, v. 2, p. 375.

[174] Segundo Tavares Paes, o ato rescindível pela pauliana é aquele que diminui o patrimônio do devedor. Descabe a ação pauliana para os atos em que o devedor negligenciou enriquecer. PAES, Paulo Roberto Tavares. *Fraude contra credores*. São Paulo: Revista dos Tribunais, 1979, p. 25. Sobre a questão ver CAHALI, 1999, p. 246-254.

[175] DINAMARCO. Cândido Rangel. *Execução civil*. 8. ed. São Paulo: Malheiros, 2002, p. 289.

[176] VIANNA, Ataliba. *Inovações e obscuridade do Código do Processo Civil e Comercial Brasileiro*. São Paulo: Livraria Martins, 1940, p. 181.

[177] ZAVASCKI, 2000, v. 8, p. 272.

[178] ASSIS, 2004a, p. 243.

[179] LIEBMAN, 1986, p. 108.

constitui verdadeiro atentado contra o eficaz desenvolvimento da função jurisdicional já em curso, porque lhe subtrai o objeto sobre o qual a execução deverá recair. Por isso, ainda mais eficaz se torna a reação da ordem jurídica contra o ato fraudulento. Sem necessidade de ação especial, visando destruir os efeitos prejudiciais do ato de alienação, a lei, sem mais, nega-lhes reconhecimento. Isto é, o ato de alienação, embora válido entre as partes, não subtrai os bens à responsabilidade executória; eles continuam respondendo pelas dívidas do alienante, como se não tivessem saído do seu patrimônio.

A fraude à execução, portanto, pode ser considerada uma especialização da fraude contra credores, "cujo traço especificador é a circunstância de o ato fraudulento do devedor ocorrer durante a litispendência, de sorte que representa não só prejuízo para o credor, mas também embaraço para a prestação jurisdicional em curso".[180]

É importante observar, contudo, que esta comparação que se estabelece entre a fraude contra credores e a fraude à execução, definindo esta como uma qualificação daquela, só é adequada quando se tem na mira a hipótese de fraude prevista no art. 593, II, do CPC. A hipótese do art. 593, I, não guarda nenhuma relação com a fraude contra credores, pois não se refere a uma execução por quantia certa, mas sim à execução para entrega da coisa.[181]

A distinção entre a fraude contra credores e a fraude à execução, através do confronto entre os dois institutos, se apresenta sob os seguintes aspectos: (a) quanto à natureza dos institutos; (b) quanto ao momento em que o ato em fraude é praticado; (c) quanto ao elemento subjetivo do ato impugnado; (d) quanto às formas de impugnação do ato e (e) quanto à natureza e aos efeitos do juízo de ineficácia do ato.[182]

Tais aspectos de diferenciação entre os referidos institutos, muito embora não expressamente, são, via de regra, os mesmos utilizados pela maior parte da doutrina:

a) *Quanto à natureza dos institutos*

A fraude contra credores deriva exclusivamente do Direito privado, haja vista que há o interesse do credor, de um lado, contra os interesses do devedor-alienante e do terceiro adquirente, do outro, para obter, pela via da ação pauliana, a anulação da alienação realizada. Essa classificação é típica do Direito brasileiro, pois, conforme observa Pontes de Miranda, no direito alemão e em outros sistemas

---

[180] THEODORO JÚNIOR, Humberto. *Comentários ao novo Código Civil*. Rio de Janeiro: Forense, 2003, v. 3, t. 1, p. 317.
[181] CÂMARA, 2001, v. 2, p. 180.
[182] CAHALI, 1999, p. 92.

jurídicos, a fraude contra pauliana é instituto de direito processual execucional.[183]

Já a fraude à execução deriva do Direito processual, é nele disciplinada, e, portanto, é matéria de ordem pública.[184] Não há dúvidas sobre o tema, a partir da conclusão de Pontes de Miranda, ao afirmar que "a fraude à execução é instituto processual, cujos pressupostos podem coincidir, ou não, com os pressupostos da fraude contra credores do direito material".[185]

Na fraude à execução ocorre violação da função processual executiva e, portanto, os interesses molestados são ditos como de ordem pública. Já a fraude contra credores apresenta-se como defeito dos atos jurídicos, implicando a lesão de interesses privados.

Ainda sobre o tema, a lição de Amílcar de Castro:[186]

> É que a norma de direito privado supõe, essencialmente, a igualdade dos interesses particulares em conflito, enquanto a de direito público funda-se na idéia de desigualdade, e o princípio dominante é o de, em regra, prevalecer o interesse público, seja qual for. E se, como já ficou visto, o Estado tem interesse em realizar o direito; tem interesse de fazer justiça rapidamente, o que daí se segue é que a fraude à execução não pode deixar de ser regulada pelas normas do direito público, do direito processual (substancial), visto que não há somente interesses particulares em conflito, como acontece no caso de fraude contra credor; há também interesse público, e este, em qualquer hipótese, deve prevalecer. Evidentemente, o direito processual é que deve definir a fraude contra a execução, estabelecendo as condições em que as alienações devem ser tidas como nulas.

Constata-se, assim, que a fraude à execução é instituto de direito processual, enquanto a fraude contra credores é instituto de direito material,[187] muito embora afirme Cândido Rangel Dinamarco serem ambos institutos de natureza processual relacionados com a responsabilidade executiva.[188]

b) *Quanto ao momento em que o ato em fraude é praticado*

A fraude de execução supõe pendência de ação, requisito ausente na fraude contra credores. Na fraude à execução, a instauração

---

[183] PONTES DE MIRANDA, Francisco Cavalcanti. *Tratado de direito privado*. Atualizado por Vilson Rodrigues Alves. Campinas: Bookseller, 2000, v. 4, p. 486.

[184] COSTA E SILVA, Antônio Carlos. *Tratado do processo de execução*. São Paulo: Sugestões Literárias, 1976, p. 101. CAHALI, 1999, p. 465.

[185] PONTES DE MIRANDA, 2001, v. 9, p. 333. Neste sentido: CARVALHO, Ernesto Antunes de. Reflexões sobre a configuração da fraude de execução segundo a atual jurisprudência do STJ. In: SHIMURA, Sérgio; WAMBIER, Teresa Arruda Alvim (Coord.) *Processo de execução*. São Paulo: Revista dos Tribunais, 2001, v. 2, p. 319.

[186] CASTRO, 1974, p. 65.

[187] Neste sentido: OLIVEIRA, 1998, p. 64.

[188] DINAMARCO, 2004, v. 4, p. 379.

da relação processual coloca-se como pressuposto indispensável. Se não há demanda, a fraude é contra credores.

Inexiste a fraude à execução na iminência do processo, pois antes de instaurar-se a relação processual, seja condenatória ou executória,[189] a fraude será apenas contra credores; o reconhecimento desta, assim, não está subordinado à preexistência de demanda em relação ao ato considerado fraudulento; enquanto isso, na fraude à execução, coloca-se como pressuposto indispensável a existência de uma demanda em andamento.[190]

c) *Quanto ao elemento subjetivo do ato impugnado*

Na fraude à execução, a intenção fraudulenta (*consilium fraudis*) dispensa prova, pois está *in re ipsa*,[191] presumindo-se configurada (presunção *iuris es de iure*) pela simples realização do ato tipificado na lei como fraudulento. Em se tratando de fraude contra credores, diversamente, compete ao autor da ação pauliana alegar e provar esse elemento subjetivo do ato, "que é a má-fé, a intenção de prejudicar do devedor ou do devedor aliado a terceiro, ilidindo os efeitos da cobrança".[192]

De plano, destaca-se que a boa doutrina pátria encontra amparo na lição de Enrico Tullio Liebman para quem é a lei que dispensa, na fraude de execução, a prova do elemento subjetivo *consilium fraudis*.[193] Segundo Liebman, "a intenção fraudulenta está *in re ipsa*: e a ordem jurídica não pode permitir que, enquanto pende processo, o réu altere a sua posição patrimonial, dificultando a realização da função jurisdicional".[194]

Para Pontes de Miranda, "é preciso que não se intrometa no assunto da fraude à execução o elemento da culpa, nem tampouco, do lado do adquirente, o elemento da má-fé",[195] pois, "toda indagação da má-fé é estranha à concepção do instituto, em qualquer dos incisos do art. 593".[196]

---

[189] Na verdade, a pendência de qualquer demanda judicial, cujo resultado necessite se valer do patrimônio do devedor para satisfação do crédito do vencedor, é apta a caracterizar como fraudulenta uma alienação ocorrida durante sua tramitação. Ver ponto 7.6.1.2.

[190] CAHALI, 1999, p. 95.

[191] ZAVASCKI, 2000, v. 8, p. 272.

[192] DINIZ, Maria Helena. *Código civil anotado*. 5. ed. São Paulo: Saraiva, 1999, p. 125.

[193] Nesse sentido: WAMBIER, Luiz Rodrigues; ALMEIDA, Flávio Renato Correia de; TALAMINI, Eduardo. *Curso avançado de processo civil*. 5. ed. São Paulo: Revista dos Tribunais, 2002, v. 2, p. 120.

[194] LIEBMAN, 1968, n° 45, p. 85.

[195] PONTES DE MIRANDA, 2002, v. 9, p. 341.

[196] Ibidem, p. 344.

Entretanto, adverte Yussef Said Cahali "que a malícia, a má-fé, encontra-se ínsita nas duas modalidades de conduta fraudulenta". O elemento subjetivo participa da essência de ambas as modalidades de fraude, diferenciando-se sobre este aspecto apenas quanto à gravidade e eventual dispensa da respectiva prova.[197] Para Cahali, interpretando a lição de Liebman, o que está dispensado na fraude à execução é a prova do elemento subjetivo da fraude, e não do requisito propriamente dito.[198] E deste entendimento também não diverge José Frederico Marques, afirmando que "a fraude pauliana exige o *consilium fraudis*, enquanto na de execução a fraude está *in re ipsa*".[199]

Também nesta linha, a 4ª Turma do Superior Tribunal de Justiça decidiu que "não se exige a demonstração do intuito de fraudar, circunstância de que não se cogita em se tratando de fraude à execução, mas apenas em fraude contra credores, que reclama ação própria (revocatória/pauliana). Na fraude de execução, dispensável é a prova da má-fé".[200]

Na fraude à execução, o elemento subjetivo não tem qualquer relevância para sua caracterização. A boa ou má-fé do adquirente do bem subtraído do patrimônio do devedor não têm importância para o reconhecimento da fraude, bastando que a alienação ou oneração do bem tenha ocorrido nas circunstâncias previstas na lei processual.[201]

A questão é polêmica, principalmente no que se refere aos reflexos sentidos pelo adquirente de boa-fé com a declaração da fraude à execução. A dificuldade, portanto, situa-se no tratamento a ser dispensado ao terceiro que negocia com o litigante fraudador da execução. Ao terceiro, diferentemente do que ocorre com o devedor-executado, é perfeitamente possível admitir que tenha adquirido o bem sem conhecimento da existência do processo contra aquele. É possível, realmente, que tenha agido de boa-fé.

Para Cláudio Nunes do Nascimento, "não se pode é relegar a segundo plano o interesse público, apenas para não prejudicar o interesse particular, ou melhor, apenas para evitar trabalho ao terceiro

---

[197] CAHALI, 1999, p. 97.

[198] Ibidem, p. 98.

[199] MARQUES, 1997, v. 4, p. 75.

[200] BRASIL. Superior Tribunal de Justiça. REsp 333161/MS. Relator: Min. Sálvio de Figueiredo. DJ 15 abr. 2002, p. 225. RSTJ, v. 159, p. 484.

[201] SANTOS, Ulderico Pires. *O processo de execução na doutrina e na jurisprudência*. 2. ed. Rio de Janeiro: Forense, 1986, p. 183.

prejudicado com a ação regressiva que lhe compete".[202] A necessidade de resguardar a boa-fé do adquirente não pode se sobrepor ao interesse público relevante de se assegurar a efetividade da atividade jurisdicional. Assim, não há que se perquirir do ânimo do terceiro no bojo do processo judicial, já que os requisitos para a caracterização da fraude à execução estão estipulados de forma explícita na lei.[203]

Embora seja desnecessária a intenção fraudulenta, há clara orientação na jurisprudência (especialmente no Superior Tribunal de Justiça) no sentido de reputar imprescindível a ciência, pelo adquirente, da demanda fundada em direito real ou capaz de reduzir o devedor a insolvência. Conforme asseverou a 4ª Turma do Superior Tribunal de Justiça, "na ausência de registro, ao credor cabe o ônus de provar que o terceiro tinha ciência da demanda em curso".[204]

Para Yoshikawa, não tem sentido exigir-se prova de conhecimento da existência da ação pelo adquirente. A ciência da existência de ação e da insolvência do devedor caracteriza o *consilium fraudis* e, portanto, se estaria criando pressuposto não previsto em lei, dificultando a aplicação do instituto processual.[205] Se a lei indica elementos objetivos para que ocorra a fraude à execução, "não há como sustentar que a lei apresenta como terceiro elemento o subjetivo, já que esta não o prevê de modo expresso".[206]

d) *Quanto às formas de impugnação do ato*

A fraude de execução é declarada incidentemente no processo de execução, não havendo necessidade de que seja levada à apreciação do juiz em processo autônomo.[207] Ainda, "é possível também sua declaração nos embargos de terceiro opostos pelo adquirente, quando a fraude à execução é utilizada como meio de defesa pelo credor".[208]

Já a fraude contra credores, que vicia o negócio de simples anulabilidade, somente é atacável por ação própria, chamada ação pauliana ou revocatória, a que se refere o artigo 161 do Código Civil.

---

[202] NASCIMENTO, Cláudio Nunes do. *Execução forçada*: antiga ação executiva de acordo com o novo código de processo civil e normas da Convenção de Genebra. São Paulo: Saraiva, 1974, p. 122.

[203] DIAS, Maria Berenice. Fraude à execução: algumas questões controvertidas. *Revista da AJURIS*, Porto Alegre, v. 17, nº 50, p. 72-81, nov. 1990, p. 79.

[204] BRASIL. Superior Tribunal de Justiça. REsp 136038 / SC. Relator Min. Barros Monteiro. *DJ* 01 dez. 2003, p. 357.

[205] YOSHIKAWA, Eduardo Henrique de Oliveira. Do caráter objetivo da fraude à execução e suas conseqüências: artigo 593, II, do CPC. *Revista Dialética de Direito Processual*, São Paulo, nº 25, p. 42-49, abr. 2005, p. 46.

[206] OLIVEIRA NETO, 2005, p. 338.

[207] Ver item 8.

[208] SALAMACHA, 2005, p. 141.

Sustenta-se, ainda, a possibilidade de o credor opor a existência de fraude contra credores, como defesa, em ação de embargos de terceiro,[209] "desde que da relação processual nessa via incidental tenha também participado o executado, haja vista que não se pode anular um ato jurídico bilateral sem que estejam presentes todas as partes nele envolvidas".[210] Entretanto, embora polêmica a matéria, já assentou o Superior Tribunal de Justiça, por meio da súmula 195, de 09.10.1997, que não se anula ato jurídico, por fraude contra credores, em ação de embargos de terceiro, entendendo os precedentes pela necessidade de ação própria.

Sobre o tema, assim disserta Cahali:[211]

> A doutrina mais expressiva e a boa jurisprudência tem afirmado que, na fraude à execução, a penhora pode recair, desde logo, sobre os bens transmitidos, como se não tivesse havido a transmissão; a fraude de execução pode ser reconhecida independentemente da pauliana, invalidado ou desconstituído o ato de disposição fraudulenta sem necessidade de revocatória, declarando a sua ineficácia até mesmo de ofício; e, desse modo, só a fraude de execução poderia ser apreciada nos embargos de terceiro, opostos pelo adquirente, com a fraude sendo excepcionada pelo credor-embargado; enquanto a fraude contra credores, tornando apenas anulável o ato, somente poderia ser alegada e reconhecida por via da ação pauliana.

Para se declarar a fraude contra credores e se desconstituir o negócio, fazendo com que o bem retorne ao patrimônio do devedor, o credor deve propor, portanto, ação com essa finalidade, chamada ação pauliana. Uma vez julgada procedente a ação pauliana, "e só nesse caso, os bens retornam ao patrimônio do devedor e podem, então, ser penhorados, sujeitando-se à execução".[212]

e) *Quanto à natureza e aos efeitos sobre o ato*

A fraude de execução determina a ineficácia do ato de alienação ou oneração;[213] a fraude contra credores é causa de anulação,[214] segundo dispõe o artigo 158 do Código Civil. O negócio jurídico que

---

[209] CAHALI, 1999, p. 483.
[210] DINIZ, 1999, p. 126.
[211] CAHALI, 1999, p. 100.
[212] GRECO FILHO, Vicente. *Direito processual civil brasileiro*. 16. ed. São Paulo: Saraiva, 2003, p. 41.
[213] Esse é o entendimento predominante na doutrina e na jurisprudência. Nesse sentido: ARAGÃO, Egas Dirceu Moniz de. *Comentários ao Código de Processo Civil*. 9. ed. Rio de Janeiro: Forense, 1998, v. 2: arts. 154 a 269, p. 180; TEIXEIRA, 1986, p. 226; CÂMARA, 2001, v. 2, p. 180; ASSIS, 2004b, p. 228, entre outros.
[214] Nesse sentido: CAMBLER, Everaldo. Fraude de execução. *Revista de Processo*, São Paulo, v. 15, nº 58, p. 157-161, abr./jun. 1990, p. 161; NERY JUNIOR, Nelson; NERY, Rosa Maria de Andrade. *Código de Processo Civil comentado*. 8. ed. São Paulo: Revista dos Tribunais, 2004, p. 1079, nº 4.

fraude a execução, diversamente do que se passa com o que fraude credores, gera pleno efeito entre alienante e adquirente. Apenas não pode ser oposto ao exeqüente. Assim, a força da execução continuará a atingir o objeto da alienação ou oneração fraudulenta, como se estas não tivessem ocorrido.[215]

Ensina Pontes de Miranda que no ato de disposição em fraude à execução "não há inexistência, nem nulidade, da relação jurídica; há ineficácia, tal como ocorre com a compra e venda da coisa alheia".[216]

Mais clara fica tal relação nas palavras de Araken de Assis:[217]

> [...] o ato fraudulento existe e vale entre os figurantes do negócio jurídico, mas é "como se" não existisse perante o credor, que poderá ignorá-lo, penhorando, desde logo, o bem fictamente "presente" no patrimônio do obrigado. Por isso, o juiz declarará a fraude, incidentalmente, nos próprios autos da execução.

De fraude de execução decorre simples submissão de bens de terceiro à responsabilidade executiva. O adquirente "não se torna devedor e muito menos coobrigado solidário pela dívida exeqüenda. Só os bens indevidamente alienados é que se inserem na responsabilidade que a execução forçada faz atuar, de sorte que, exauridos estes, nenhuma obrigação ou responsabilidade subsiste para o terceiro que os adquiriu do devedor".[218]

Em contrapartida, a fraude contra credores é vício do negócio jurídico e, conforme já referido, é causa de anulabilidade do ato, cujo reconhecimento e desfazimento daquele ocorre em demanda própria, denominada ação pauliana ou revocatória, prevista no art. 161 do Código Civil.[219] Em tal demanda, competirá ao credor prejudicado provar a insolvência do devedor e o concerto fraudulento com o terceiro, anulando o negócio e reintegrando o bem no patrimônio.[220]

Neste sentido, vale trancrever a lição de Pontes de Miranda:[221]

> Nos casos em que só a fraude contra credores poderia ser alegada, precisa-se de sentença em ação prévia anulatória, dita, antes, rescisória (actio Pauliana). Não há a pretensão a executar do art. 592,V.

---

[215] THEODORO JUNIOR, 2005, v. 2, p. 127.
[216] PONTES DE MIRANDA, 2001, v. 9, p. 333.
[217] ASSIS, 2004b, p. 228.
[218] THEODORO JUNIOR, op. cit., p. 128.
[219] Código Civil, Art. 161. A ação, nos casos dos arts. 158 e 159, poderá ser intentada contra o devedor insolvente, a pessoa que com ele celebrou a estipulação considerada fraudulenta, ou terceiros adquirentes que hajam procedido de má-fé.
[220] ASSIS, 2004b, p. 229.
[221] PONTES DE MIRANDA, 2001, v. 9, p. 335.

É fácil dito "o patrimônio do devedor é garantia do credor". Nada tem de jurídico; é proposição que não pertence ao sistema lógico que corresponde ao direito brasileiro, nem aos outros. Se o crédito nasceu, na verdade, dessa consideração, trata-se de motivo psicológico e econômico, não jurídico. Se o devedor procede em fraude contra credores, há ato ou atos dele que determinam a pretensão do credor à desconstituição do negócio jurídico do devedor, que se substituiu à actio Pauliana. Não foi aquela garantia que as determinou.

No tocante ao instituto da fraude contra credores, embora o Código Civil induza, repetidas vezes, à conclusão de que gera a anulabilidade do negócio (arts. 158, 159, 165 e 171, II), na doutrina a questão não é pacífica, havendo corrente que defende a hipótese de ineficácia também nos atos em fraude contra credores.[222] Nesse sentido, assevera Theodoro Júnior que tratar o negócio jurídico em fraude contra credores como ato anulável, nos dias atuais, seria simples apego à letra da norma legal, desprezando outras formas de exegesse.[223]

Sustentam os que propugnam pela ineficácia do negócio jurídico em fraude contra credores que o efeito consistente em se anular o ato de alienação ultrapassa o interesse do credor, que é o de receber o valor do seu crédito, e pode beneficiar o devedor, que assim teria o bem reintegrado ao seu patrimônio, por vezes em razão de dívida de valor bem menor que o do bem alienado.[224]

Teori Zasvascki, por exemplo, afirma tratar a fraude contra credores de hipótese de ineficácia relativa, ou seja, de inoponibilidade do negócio em relação a certos credores apenas. A justificativa para tal afirmação é de que a anulação do negócio jurídico importaria o retorno ao *status quo* ante (reincorporação do bem ao patrimônio do devedor alienante), de forma a beneficiar qualquer outro dos seus credores, inclusive os supervenientes à alienação, não correspondendo tal efeito ao objetivo da norma que é o de satisfazer o credor, autor da pauliana.[225] [226]

Observa Dinamarco que a lei civil fala em anulação do ato em fraude contra credores, quando, em verdade, ocorre a ineficácia par-

---

[222] CAHALI, 1999, p. 320.

[223] THEODORO JÚNIOR, Humberto. Negócio jurídico. Existência. Validade. Eficácia. Vícios. Fraude. Lesão. *Revista dos Tribunais, São Paulo*, v. 89, nº 780, p. 11-28, out. 2000, p. 19.

[224] PEREIRA, Régis Velasco Fichtner. *A fraude à lei*. Rio de Janeiro: Renovar, 1994, p. 79-80.

[225] ZAVASCKI, 2000, v. 8, p. 274. Nesse sentido: DINAMARCO, 2002, p. 268-269.

[226] No ponto vale destacar a lição de Humberto Theodoro Júnior: "A pauliana no direito contemporâneo deixou de ser a ação coletiva que era no direito romano clássico, onde integrava sempre o concurso universal da execução coletiva do devedor insolvente.[...] E se apresenta como ação pessoal ou individual no sentido de que o seu resultado prático concerne unicamente ao credor ou credores promoventes. [...] Ou seja: Esse proveito não entra no patrimônio do devedor, e, por isso mesmo, o credor demandante escapa ao concurso dos outros credores". THEODORO JÚNIOR, 1997, p. 151.

cial e relativa do ato, assim como na fraude à execução.[227] Por essa razão, assevera não ser a ação pauliana uma ação anulatória. A sentença de procedência da pauliana não tolhe os efeitos do ato, mas retira do negócio jurídico apenas o que é necessário para que o credor não sofra prejuízo, ou seja, retira o efeito secundário consistente em suprimir a responsabilidade do bem pela obrigação do alienante perante ela. A senteça da pauliana, portanto, "mantém vivo o ato, na parte em que não traz prejuízo ao credor, sem prejudicar os efeitos que sejam indiferentes em face dos objetivos do instituto".[228]

Em síntese, tanto a fraude contra credores como a fraude à execução compreendem atos de disposição de bens ou direitos em prejuízo de credores, mas a diferença básica, conforme a corrente ortodoxa que entende pela anulação dos atos em fraude contra credores, [229] é a seguinte:

a) a fraude contra credores pressupõe sempre um devedor em estado de insolvência e ocorre antes que os credores tenham ingressado em juízo para cobrar seus créditos; é causa de anulação do ato de disposição praticado pelo devedor e depende de ação própria para seu reconhecimento.

b) a fraude de execução não depende, necessariamente, do estado de insolvência do devedor e só ocorre no curso de ação judicial contra o alienante; é causa de ineficácia da alienação e pode ser declarada incidentalmente no próprio processo de execução ou em embargos de terceiro.

7.6. Situações configuradoras da fraude à execução: tipicidade

A caracterização da fraude à execução pressupõe o preenchimento de alguns requisitos objetivos. Considera o CPC, no art. 593 e incisos, em fraude à execução, a alienação ou oneração de bens:

I – quando sobre eles pender ação fundada em direito real;

II – quando, ao tempo da alienação ou oneração, corria contra o devedor demanda capaz de reduzi-lo à insolvência;

III – nos demais casos expressos em lei.

---

[227] DINAMARCO, Cândido Rangel. *Instituições de direito processual civil*. São Paulo: Malheiros, 2004, v. 4, p. 266.
[228] DINAMARCO, 2004, v. 4, p. 279-280.
[229] THEODORO JUNIOR, 2005, v. 2, p. 129. Nesse sentido: ASSIS, 2004a, p. 244-245.

O art. 593 do CPC descreve duas situações caracterizadoras da fraude à execução: (a) alienação ou oneração de bens quando sobre eles pender ação fundada em direito real (inciso I), e (b) quando ao tempo da alienação ou oneração, corria contra o devedor demanda capaz de reduzi-lo à insolvência (inciso II). Em ambas, está prevista a alienação ou oneração de bem do patrimônio do demandado quando já há em curso uma demanda judicial.

A diferença entre as duas hipóteses é que, na primeira, o que se busca é assegurar o direito de seqüela, inerente ao direito real vindicado na ação, e daí por que a configuração da fraude independe do estado de insolvência do executado; e na segunda, o princípio resguardado é o da responsabilidade patrimonial, o que explica o pressuposto da insolvência, aqui indispensável para que se tenha o ato como fraudatório.[230]

Tem-se, assim, que as situações configuradoras da fraude à execução apresentam pressupostos gerais e específicos, conforme se analisará nas próximas seções.

7.6.1. Pressupostos gerais

7.6.1.1. Alienação ou oneração de bens

Conforme disposto no art. 593 do CPC, tanto os atos de alienação quanto os de oneração apresentam-se ineficazes perante a execução.

> "Alienar" é verbo que significa "ação de passar a outrem o domínio de coisa ou gozo de direito que é seu". O vocábulo tem origem no radical *alius*, palavra latina que significa outrem. *Alienare*, como ensina De plácido e Silva, "é tornar de outrem a coisa que era nossa e que se lhe transferiu por título *inter vivos*, seja gratuito ou oneroso".[231]

Pela alienação, em consonância com o disposto no art 593 do CPC, ocorre a transferência do bem jurídico do patrimônio do devedor para o do terceiro.

O conceito de alienação e de oneração de bens, para efeitos do artigo 593 do CPC, deve ser formatado à luz de uma compreensão teleológica deste dispositivo legal. Nessa linha, a alienação que pode dar ensejo à fraude, "é qualquer ato entre vivos, com a participação voluntária do devedor, de que resulte a transferência da proprie-

---

[230] ZAVASCKI, 2000, v. 8, p. 278.
[231] ALIENAR. In: SILVA, De Plácido e. *Vocabulário jurídico*. Rio de Janeiro, 2000, p. 55.

dade a terceiro, seja a título oneroso, seja a título gratuito (venda, doação, permuta, dação em pagamento)".[232]

A alienação referida no art. 593 do CPC, portanto, refere-se a toda e qualquer transferência de bens, seja a título oneroso ou gratuito, "assim como o processo simulado pelas partes, cuja repressão incumbe ao órgão judiciário (art. 129)".[233]

Para Zavascki "há de se entender como alienação o ato de renúncia a direito material (renúncia a herança, por exemplo), pois importa diminuição voluntária do patrimônio do devedor, com reflexos em interesses do credor",[234] entendimento compartilhado por Amílcar de Castro.[235]

Onerar é verbo cuja origem vem do latim *onerare* (carregar, cobrir). Na acepção jurídica significa agravar, impor encargos ou obrigações.[236]

Oneração, portanto, é ato que, sem importar transmissão da propriedade do bem, limita as faculdades do domínio, em razão da criação, em favor de terceiro, de direito real, que pode ser de gozo ou fruição (enfiteuse, servidões, usufruto, uso, habitação, renda sobre imóveis) e de garantia (penhor, anticrese e hipoteca), porque tais direitos outorgam privilégio a certo credor ou desvalorizam a coisa.[237] É oportuno lembrar que se o privilégio a favor de terceiro for direito real de garantia poderá resultar em alienação, caso a obrigação garantida não for solvida.

Estabelecido um ônus real de uso, por exemplo, não haverá perda do direito de propriedade em favor do usuário ou do habitante; ao passo que, se for constituída uma hipoteca, poderá haver a perda do bem em favor do credor hipotecário. Tem-se, pois, que a oneração pode trazer como conseqüência a perda total ou parcial dos direitos de propriedade, dependendo do gravame que for constituído.[238]

Como referido alhures, na redação do art. 895 do CPC de 1939 somente havia referência aos atos de "alienação". Considerando que os atos de "oneração" sobre bem do devedor também podem causar

---

[232] ZAVASCKI, 2000, v. 8, p. 279.
[233] ASSIS, 2004a, p. 234.
[234] ZAVASCKI, op. cit., p. 279.
[235] CASTRO, 1974, p. 62.
[236] ONERAR. In: SILVA, De Plácido e. *Vocabulário jurídico*. Rio de Janeiro, 2000, p. 573.
[237] ASSIS, 2004a, p. 234.
[238] CAIS, 2005, p. 141.

prejuízo ao credor, por emenda no Congresso Nacional, a previsão constou no art. 593 do atual CPC.

Ressalta Araken de Assis que atos de índole diversa, como a dação em pagamento, a renúncia à herança, a interrupção da prescrição e a partilha de bens em separação consensual igualmente podem representar fraude à execução,[239] concluindo que as indicações do art. 593, *caput*, ostentam-se apenas exemplificativas.[240]

No caso de dação em pagamento, sendo a dívida vencida, "não há alienação em fraude à execução, pois o devedor que paga cumpre um dever civil, e por isso mesmo está o adquirente isento de fraude ainda sabendo existir outro credores que poderão não ser pagos por inteiro".[241]

Não há fraude nas transferências coativas, como, por exemplo, na arrematação, adjudicação e usufruto. Da mesma forma, não se compreende como ato de alienação configurador da fraude à execução a transmissão do domínio por força de desapropriação, ainda que o preço seja ajustado por acordo de vontades, já que nesta hipótese a alienação é imposta por ato de Estado, cuja efetivação independe do concurso de vontade do proprietário.[242]

7.6.1.2. Litispendência

A fraude do inciso I estará configurada quando, relativamente ao bem alienado ou onerado "pender ação fundada em direito real"; a do inciso II "quando, ao tempo da alienação ou oneração, corria contra o devedor demanda capaz de reduzi-lo à insolvência". Portanto, a litispendência, ou seja, a pendência do processo, é pressuposto comum aos casos de fraude à execução previstos no inciso I e no inciso II do art. 593 do CPC, ou seja, para a configuração da fraude à execução é imprescindível a existência de uma demanda judicial em curso, desde antes da realização do ato de alienação ou oneração do bem pelo devedor. Inexistente a litispendência, restará ao credor buscar, pela via da ação revocatória, a desconstituição do ato fraudulento, pois poderá ter havido fraude contra credores, mas não fraude à execução.

---

[239] ASSIS, op. cit., p. 234.
[240] Nesse sentido: CASCONI, Francisco Antônio. *Fraude de execução*. Disponível em: <http://www.professoramorim.com.br/amorim/texto.asp?id=21>. Acesso em 23 jan. 2006.
[241] CASTRO, 1974, p. 62.
[242] ZAVASCKI, 2000, v. 8, p. 279.

A questão está em saber qual o momento em que, para aquele efeito, se considera "pendente" ou "em curso" a demanda: a data da distribuição da ação ou da citação do réu?

A doutrina diverge neste aspecto. No entender de Ronaldo Brêtas, basta a propositura da ação, ou seja, a entrega da petição inicial ao Poder Judiciário, para que se configure a litispendência a que se refere o art. 593, pois o próprio CPC no art. 263 considera proposta a demanda tanto que a petição inicial seja despachada pelo juiz ou simplesmente distribuída onde houver mais de uma vara.[243][244] Complementa Maria Berenice Dias esse entendimento, sob o enfoque da falta de absoluto respaldo legal para se exigir a citação como marco a partir do qual os atos de alienação ou oneração de bens pelo devedor poderiam ser considerados em fraude à execução, haja vista que se a lei processual fixou, em seu art. 263, o momento em que se instaura a relação jurídica processual considerando proposta a ação tanto que a petição inicial seja despachada pelo Juiz, ou simplesmente distribuída, onde houver mais de uma Vara, e estabelecendo no art. 593 a existência de demanda como pressuposto para configurar a fraude à execução.[245]

Nessa linha, Eduardo Yoshikawa justifica seu posicionamento, afirmando que a exigência da citação, além de comprometer a eficácia do instituto, seria o mesmo que exigir a má-fé do devedor para a caracterização da fraude, pois o ato de alienação ou oneração de bens após a citação revelaria o seu propósito de frustrar a atividade jurisdicional executiva.[246] Tal entendimento, todavia, não merece prosperar, haja vista que a litispendência decorre da citação válida e "isso, porque se destina a produzir o efeito de pendência da lide perante o réu, não se relacionando, absolutamente, à constituição da relação processual linear entre o autor e o Estado (art. 263, 1ª parte)".[247]

Observa-se que "no primeiro grupo de efeitos decorrentes da citação, o legislador reuniu os de natureza processual: prevenção,

---

[243] DIAS, Ronaldo Brêtas de Carvalho. *Fraude no processo civil*. 2. ed. Belo Horizonte: Del Rey, 2000, p. 116.

[244] Nesse sentido: BARCELOS, 1990, p. 45. "Aplicar o art. 219 ou a parte final do art. 263, pura e simplesmente, contraria o espírito protetor da jurisdição que o Código traçou ao defender a eficácia da função jurisdicional do Estado em detrimento ao particular". Ainda: SANTOS, U., 1986, p. 182.

[245] DIAS, Maria Berenice. Fraude à execução. (Algumas questões controvertidas). Revista da AJURIS. nº 50. Ano XVII, novembro de 1990, p. 75-76.

[246] YOSHIKAWA, 2005, p. 45.

[247] LIMA, 1974, p. 492.

litispendência e litigiosidade da coisa",[248] correspondendo a litispendência "à fluência da causa em juízo, fato que repercute de modos diversos",[249] e a litigiosidade alcança os bens, repercutindo este efeito entre as partes e terceiros. A citação, portanto, é o ato pelo qual se dá ao réu conhecimento da ação que lhe foi proposta. Feita a citação do réu, considerar-se-á constituído o processo e formada a relação processual, qualquer que seja o tipo de procedimento.[250]

Assim, embora a fraude à execução não se caracterize sem que um processo tenha sido instaurado, não é exato dizer que a formação do processo pela propositura da ação crie sempre, por si mesma, o clima propício à fraude executiva. Ao menos para o fim de caracterização da litispendência necessária para a ocorrência da fraude executiva, o marco inicial do processo é aquele em que é realizada a citação do demandado; é então que ele fica ciente da demanda proposta, não sendo razoável nem legítimo afirmar uma fraude da parte de quem ainda não tiver conhecimento da litispendência instaurada (poderá sim ocorrer fraude contra credores).[251]

Portanto, é com a citação que se caracteriza a litispendência e, conforme Frederico Marques, "é a litispendência que, no Código vigente, marca o momento a partir do qual a alienação ou oneração se caracterizam como ilícitas ou fraudulentas, porquanto a coisa se torna litigiosa concomitantemente com a constituição da litispendência (art. 219)".[252]

A atual posição adotada pelo Superior Tribunal de Justiça não diverge desse entendimento doutrinário, pois, conforme assentou a 3ª Turma, "a litispendência só se verifica com a citação, o que não ocorreu na espécie",[253] enquanto a sua 4ª Turma do Superior Tribunal estabeleceu que para a configuração da fraude à execução "não basta o ajuizamento da demanda; é necessária a citação válida".[254]

Ainda, reforçam essa corrente Sérgio Fadel, ao afirmar que "o que caracteriza a fraude é o momento da citação e a insolvência do

---

[248] ARAGÃO, 1998, v. 2, p. 176.
[249] Ibidem, p. 178.
[250] SANTOS, Moacyr Amaral. Primeiras Linhas de Direito Processual Civil. São Paulo: Saraiva, 1999, p. 322.
[251] DINAMARCO, 2004, v. 4, p. 392; CARMONA. Carlos Alberto. Em torno do processo de execução: processo civil – Evolução – 20 anos de vigência. São Paulo: Saraiva, 1995, Item 3, p.15. CAMBLER, 1990, p. 159.
[252] MARQUES, José Frederico. Manual de direito processual civil. São Paulo: Saraiva, 1986-87, v. 4, p. 49.
[253] BRASIL. Superior Tribunal de Justiça. AGA 308000/SP. Relator: Min. Waldemar Zveiter. DJ 05 mar. 2001. Precedentes: REsp nº 61.114/MG; AgRgAg. nºs 125.776/PR e 197.050/DF.
[254] BRASIL. Superior Tribunal de Justiça. REsp 257331/SP. Relator: Min. Barros Monteiro. DJ 27 nov. 2000.

devedor",[255] e Gelson Amaro de Souza, entendendo que "antes da citação ainda não se pode considerar a demanda pendente e por isso ainda ausente este pressuposto e assim, a alienação ou oneração neste momento ainda não se configura a fraude de execução".[256]

Assim, o ato de alienação ou oneração praticado pelo devedor antes da citação, mas depois do ajuizamento, não constitui fraude à execução, podendo, contudo, caracterizar fraude contra credores.

Não importa que o mandado citatório ainda não tenha sido devolvido ao cartório, sendo suficiente para fins do requisito da litispendência a certidão do oficial de justiça, que goza de fé pública, de que citou o demandado, podendo, no entanto, o adquirente, por meio dos embargos de terceiro, provar a falsidade do que se certificou.[257]

Apesar dos respeitáveis argumentos da corrente que entende bastar a propositura da ação para configurar-se a litispendência, cujo fundamento está no art. 263 do CPC, considerando proposta a ação tanto que a petição inicial seja despachada pelo juiz ou simplesmente distribuída, onde houver mais de uma vara, acertado é o entendimento adotado pelo Superior Tribunal de Justiça visto que a fraude do inciso I supõe litigiosidade sobre o bem alienado ou onerado e a do inciso II requer litispendência, efeitos esses que decorrem, não da distribuição da ação, mas da citação válida, conforme previsto na segunda parte do art. 219: "a propositura da ação, todavia, só produz, quanto ao réu, os efeitos mencionados no art. 219 depois que for validamente citado".[258]

Outro argumento utilizado pela corrente que entende dispensável a citação para configurar-se a litispendência repousa no fato de, uma vez proposta uma demanda, ser possível a qualquer um certificar-se de sua existência e, ainda, na possibilidade de o devedor obstaculizar a citação ou escusar-se em recebê-la e, neste ínterim, alienar ou onerar o seu patrimônio.[259] Situação como esta é lembrada por Ernesto Antunes de Carvalho, ao observar, na trilha da corrente que entende necessária a citação para a configuração da fraude à execução, que realizando o devedor a alienação de seus bens antes da efetivação da citação, ainda que após a distribuição da ação, obri-

---

[255] FADEL, 1973, v. 3, p. 269.
[256] SOUZA, 2002, p. 81.
[257] SANTOS, Ernani Fidélis dos. *Manual de direito processual civil*. 9. ed. São Paulo: Saraiva, 2003, v. 2, p. 92.
[258] ZAVASCKI, 2000, v. 8, p. 281.
[259] Nesse sentido: NERY JÚNIOR; NERY, 1999, p. 1111.

gado estaria o credor a ter que postular a fraude em ação própria (pauliana).[260]

O Superior Tribunal de Justiça, sensível à situação, excepcionou no sentido de reconhecer a fraude, quando há prova de que, ciente da demanda, o devedor escusou-se em receber a citação e, nesse lapso de tempo, alienou bens de forma a reduzir-se à insolvência.[261]

Para Cândido Dinamarco, a citação não é indispensável para a configuração da fraude à execução, bastando a ciência inequívoca do demandado da demanda proposta. Segundo Dinamarco, "sua efetiva ciência basta para deixar clara a intenção fraudulenta com que tenha desfalcado seu patrimônio",[262] fazendo, contudo, as seguintes considerações:

> É claro que o ônus da prova dessa ciência incumbe a quem alega a fraude, ou seja, ao credor. Afastar inflexivelmente a configurabilidade da fraude antes da citação corresponderia a alimentar o espírito fraudatório dos maus pagadores, a quem seria sempre possível fazer alienações antes de citados (a vivência forense mostra como é fácil ter conhecimento da propositura da demanda antes da citação).

É inegável que a intenção do sistema ao exigir a litispendência, considerada aí a partir da citação do demandado, como requisito para a configuração da fraude à execução, é que o devedor tenha ciência da existência do processo, para que se possa, então, aplicar as sanções decorrentes desta modalidade de fraude. Nesta linha de interpretação, Alexandre Câmara aceita a possibilidade de ser considerado em fraude à execução o ato de alienação ou oneração do bem quando pendente demanda contra o devedor que, embora não citado, já tinha conhecimento da existência da demanda contra si proposta.[263]

Com relação ao requisito da litispendência, embora a localização do art. 593 no livro II do CPC possa levar à interpretação de que o processo que deve estar pendente seja de execução, em verdade, "nada importa a virtual natureza da demanda ou da lide. Além das ações condenatórias, cujo caráter patrimonial naturalmente provocam semelhante estado, outras ações, penais ou civis, constitutivas (v.g., separação ou divórcio), declaratórias, executivas

---

[260] CARVALHO, E., 2001, v. 2, p. 327.
[261] BRASIL. Superior Tribunal de Justiça. REsp 226413/SP. Relator: Min. Eduardo Ribeiro. *DJ* 28 ago. 2000, p. 00079. No mesmo sentido: BRASIL. Superior Tribunal de Justiça. REsp 168.867/SP. Relator: Min. Eduardo Ribeiro. Julgado em: 8 jun. 2000.
[262] DINAMARCO, 2002, p. 295.
[263] CÂMARA, 2001, v. 2, p. 182. Também, neste sentido, MONTENEGRO FILHO, 2005, v. 2, p. 378.

ou mandamentais, ensejam o resultado coibido pelo instituto",[264] ou seja, qualquer demanda judicial cujo resultado necessite-se valer do patrimônio do devedor para satisfação do crédito do vencedor deve ser apto a caracterizar como fraudulenta uma alienação ocorrida durante sua tramitação.[265]

Pendente processo executivo ou de conhecimento, está em curso o exercício da jurisdição, e, em qualquer dessas hipóteses, "o ato dispositivo seria capaz de frustrar a imposição da sujeição executiva, não fora a ineficácia ditada pelo sistema".[266]

Necessário, portanto, é que o ato fraudulento do obrigado coincida com a pendência de qualquer processo, conforme antes exposto, podendo ter função cognitiva ou executiva.[267] Esse, com raras exceções,[268] é o entendimento majoritário da doutrina.[269]

A fraude à execução também poderá estar caracterizada quando a citação do devedor houver ocorrido em processo de natureza cautelar.[270] Entretanto, a expressão "demanda em curso" para o fim de requisito da fraude à execução deve ser entendida como aquela capaz de produzir título executivo de obrigação de pagar. Se a demanda desta natureza for precedida de ação cautelar, "em cuja a petição inicial fiquem indicados, como devem ser (CPC, art. 801, III), os termos e fundamentos da futura lide principal de natureza condenatória, conta-se de lá o período da fraude à execução".[271]

Alexandre Câmara, ao tratar do assunto, reconhece que se tem admitido a ocorrência de fraude à execução quando pendente processo cautelar, asseverando que "a existência de arresto cautelar sobre um bem não faz com que a alienação deste possa ser considerada em fraude à execução", pois entende tratar-se da modalidade

---

[264] ASSIS, Araken de. *Comentários ao Código de Processo Civil*. Rio de Janeiro: Forense, 1999, v. 6: arts. 566 a 645, p. 235.

[265] FUX, 2004, p. 1298.

[266] DINAMARCO, 2002, p. 296.

[267] ASSIS, op. cit., p. 229.

[268] Para Gelson Amaro de Souza se o legislador quisesse que a expresão "demanda pendente" para efeito de fraude à execução fosse a demanda do processo de conhecimento, teria feito referência no Livro I do CPC, no art. 219 e não apenas no Livro II que trata do processo de execução. (SOUZA, 2002, p. 82.)

[269] Neste sentido, entre outros, ASSIS, 2004b, p. 231; DINAMARCO, 2002, p. 296; CÂMARA, 2001, v. 2, p. 182. Fazendo referência somente a processo de conhecimento: WAMBIER; ALMEIDA; TALAMINI, 2002, v. 2, p. 120.

[270] ASSIS, op. cit., p. 231.

[271] ZAVASCKI, 2000, v. 8, p. 283. Com posicionamento nesse sentido, José Antônio de Castro ressalva de que a litispendência estaria caracterizada a partir da distribuição da ação cautelar onde houver mais de uma vara, ou do despacho do juiz, desde que a citação nesta ação seja válida. CASTRO, José Antônio de. *Execução no código de processo civil*: doutrina, prática, jurisprudência. 3. ed. São Paulo: Saraiva, 1983, p. 147.

de fraude pela "alienação de bem penhorado". Percebe-se, portanto, uma ligeira confusão. Efetivamente, a alienação de bem arrestado está enquadrada nesta outra modalidade de fraude à execução, conforme mencionado por Alexandre Câmara, todavia, o que está em debate, quando o tema é a litispendência, é a possibilidade da citação em ação cautelar ser capaz de configurar este pressuposto da fraude à execução.[272]

É correto afirmar, portanto, que a ação capaz de reduzir o devedor a insolvência, por excelência, é a de natureza condenatória, ou melhor, com alguma carga de eficácia condenatória.[273] Todavia, o processo cautelar a ela vinculado, desde que se trate de cautela, mesmo em sentido estrito, a exemplo do arresto, pode caracterizar a fraude à execução.[274]

O protesto cambiário ou judicial, por si só, não determina que se considere em fraude à execução a alienação ou oneração de bens realizada pelo devedor,[275] muito embora possam servir de prova da fraude contra credores em ação pauliana.[276]

Da mesma forma, a instalação do juízo arbitral, por ser procedimento sem natureza jurisdicional, não caracteriza a litispendência exigida para efeito de fraude à execução. A sentença arbitral, embora arrolada como título judicial, tem, na verdade, natureza de título extrajudicial. Assim, os negócios de disposição dos bens penhoráveis, celebrados antes da citação do devedor na ação de execução da sentença arbitral, não se consideram em fraude à execução, podendo, entretanto, serem considerados em fraude contra credores.[277]

Para a configuração da fraude à execução, portanto, além dos demais requisitos, é necessário um processo em curso, ou seja, exige-se a litispendência. Não preenchido tal requisito, resta ao credor buscar a anulação do negócio jurídico, sob a alegação de fraude contra credores – a qual não está subordinada à existência de ação em andamento – o que se dará através da ação pauliana.

---

[272] CÂMARA, 2001, v. 2, p. 182.

[273] Por exemplo, uma ação declaratória na qual o réu, sucumbente, seja condenado ao pagamento de custas e honorários advocatícios.

[274] SANTOS, E., 2003, v. 2, p. 92.

[275] PONTES DE MIRANDA, 2002 v. 9, p. 345. Nesse sentido: TEIXEIRA, 1986, p. 234.

[276] LIMA, 1974, p. 508.

[277] ZAVASCKI, 2000, v. 8, p. 284. Frederico Cais, em sentido contrário, assevera que a instalação de juízo arbitral configura a litispendência para fins de configuração da fraude à execução, entendendo tratar-se de procedimento de natureza jurisdicional, resalvando, que nesta hipótese, é impresindível a prova, pelo credor, de que o adquirente tinha conhecimento da instituição da arbitragem. CAIS, 2005, p. 149.

Uma questão prática que aflige a doutrina e a jurisprudência refere-se à alienação ou oneração de bens pelo devedor, de forma a tornar-se insolvente perante o credor, quando findo o processo de conhecimento e ainda não iniciado o processo de execução.

Nesta hipótese, não ocorre fraude à execução, pois findo o processo e ainda não citado o devedor do processo de execução, não existe "demanda pendente", pressuposto da fraude à execução, ou seja, não estava em curso o exercício da jurisdição quando o ato de alienação ou oneração foi praticado.[278]

Com razão, assevera Dinamarco que neste período de tempo entre o trânsito em julgado do processo de conhecimento e a citação no processo de execução há um título executivo judicial contra o devedor, situação análoga à da existência de outro título qualquer (extrajudicial) quando vencida a obrigação, mas ainda não executada.[279] O Código em vigor unificou a execução, eliminando a "ação executiva" de 1939 e conferindo a mesma eficácia aos títulos judiciais e extrajudiciais. Assim, o Direito brasileiro equiparou, para fins de executividade, os títulos executivos judicial e extrajudicial. A execução é uma só e um só é seu regime.[280]

Assim, embora o credor tenha em seu poder um título executivo, judicial ou extrajudicial, enquanto não citado o devedor no processo de execução, se o devedor aliena ou onera seus bens nesse período e se torna insolvente, tal ato de disposição não pode ser caracterizado como em fraude à execução, podendo, no entanto, ser caso de fraude contra credores.

Por essa razão, em se tratando de sentença penal condenatória transitada em julgado contra o devedor, considerada título judicial exeqüível no juízo cível, é possível aplicar a regra do art. 593, II, se proposta a ação para apurar-se o *quantum debeatur* do dano *ex delicto*, ou seja, a fraude somente se dará após instaurada a liquidação.[281] Assim, no ínterim entre o trânsito em julgado da decisão penal condenatória e a instauração da liquidação os atos de alienação ou oneração de bens realizados pelo devedor, via de regra, não são considerados em fraude à execução.[282]

---

[278] Neste sentido, DINAMARCO, 2002, p. 299.

[279] Ibidem, p. 299.

[280] LIEBMAN, Enrico Tullio. *Estudos sobre o processo civil brasileiro:* com notas de Ada Pellegrini Grinover. São Paulo: Bushatsky, 1976, p. 34. Nota 'a'.

[281] MARQUES, 1986-87, v. 4, p. 77.

[282] Em sentido contrário, Zavascki entende que a alienação ou oneração de bens é considerada em fraude à execução tão logo constituído o título executivo judicial, mesmo extinto o processo de conhecimento em que foi formado e ainda não instaurada a ação de liquidação correspondente. ZAVASCKI, 2000, v. 8, p. 284.

O mesmo não ocorre quando a ação é fundada em direito real, "uma vez que esta pesa sobre a coisa determinada e, conseqüentemente, a sua execução se dá em extensão ao processo de conhecimento".[283]

É oportuno lembrar que, ao menos em parte, essa problemática questão parece já ter solução. A partir da vigência da Lei nº 11.232, de 22 de dezembro de 2005, conforme disposto no art. 475 – J, caso o devedor, condenado ao pagamento de quantia certa ou já fixada em liquidação, não o efetue no prazo de quinze dias, por simples requerimento do credor e observado o disposto no art. 614, inciso II, do CPC (demonstrativo do débito), expedir-se-á mandado de penhora e avaliação. Ou seja, a partir da vigência da Lei 11.232/2005, não mais será necessário a instauração de um novo processo (ação de execução), para que sejam iniciados os atos expropriatórios do procedimento executivo, o que se dará no mesmo processo, modificando o conceito histórico de sentença, como o "ato que põe termo ao processo". A conceituação trazida pela lei está ligada mais às características substanciais do ato sentencial, abandonando-se a idéia formal de pôr fim ao processo.

7.6.2. Pressupostos específicos

7.6.2.1. Litigiosidade sobre o bem em decorrência de ação fundada em direito real

Para a configuração da fraude de que trata o inciso I do art. 593 do CPC, é necessário que o bem alienado ou onerado seja a coisa litigiosa de ação fundada em direito real, ou seja, "a litispendência de ação real impede a alienação ou gravame da coisa litigiosa, que se há de considerar ineficaz por fraude à execução".[284]

Ação fundada em direito real é aquela cuja pretensão de direito material nela discutida tem natureza real, como, por exemplo, as ações reivindicatória, de usucapião, as que versem sobre penhor, hipoteca, anticrese etc. Nesta hipótese de fraude à execução, portanto, tutela-se o direito de seqüela, que é inerente aos direitos reais de garantia sobre bens móveis ou imóveis, alcançando as alienações ou onerações efetuadas no curso de ações fundadas em direito real, sujeitando os bens alienados ou onerados à execução.[285]

---

[283] BARCELOS, 1990, p. 48.
[284] PONTES DE MIRANDA, 2002, v. 9, p. 342.
[285] TEIXEIRA, 1986, p. 227.

Sendo assim, a alienação ou oneração de bens quando sobre eles pender ação fundada em direito real está, ordinariamente, ligada à execução para entrega da coisa. Esclarece Dinamarco que, nessa situação, "a ineficácia atinge mais intensamente o ato, porque o próprio efeito translativo da propriedade encontrará à frente de si a resistência do direito alheio: em caso de procedência da demanda em que o alienante é réu, naturalmente, há de prevalecer esse direito sobre o de quem adquiriu a non domino".[286]

A venda de coisa litigiosa é admitida pela legislação processual, no art. 42 do CPC, com o alerta de que sua ocorrência "não altera a legitimidade das partes", e de que a sentença "estende os seus efeitos ao adquirente e ao cessionário" (§ 2º). Assim, não importa que o *ius in re* recaia em bem móvel ou imóvel, pois se existir ação fundada em direito real, "a venda ou oneração da coisa é sempre em fraude à execução; e, portanto, ato jurídico nulo e sem eficácia – razão pela qual os atos expropriatórios do processo executivo podem atingir o bem, até mesmo no patrimônio de terceiro".[287] Trata-se de medida que busca manter efetividade do processo, isto é, "sua aptidão para realizar no 'mundo concreto', além da capa do processo, aquilo que for proclamado pelo juiz".[288]

O objetivo da lei foi de evitar uma sucessão processual fraudulenta, em que se retirasse do processo o demandado original, ingressando em seu lugar pessoa em situação de insolvabilidade. Assim, por exemplo, em uma ação reivindicatória, alienado o bem sobre o qual as partes contendem pelo demandado, o adquirente não poderá, sem o consentimento do demandante, suceder o alienante na relação processual.[289]

Com efeito, em princípio, tendo ocorrido a alienação de bem sobre o qual pende ação fundada em direito real, o demandado original permanece na relação processual, atuando agora na defesa de interesse do adquirente do bem (como substituto processual). A execução da sentença, neste caso, se dará com a invasão do patrimônio do adquirente (que na hipótese permaneceu como terceiro, podendo, apenas, ingressar como assistente do alienante), e a constrição incidirá sobre o bem alienado.[290] Isto significa que tanto o alienante

---

[286] DINAMARCO, 2002, p. 291.
[287] MARQUES, 1986-87, v. 4, p. 49.
[288] FERREIRA, William Santos. Situação jurídica no processo do adquirente de bem litigioso e dos herdeiros e sucessores no caso de falecimento da parte diante do novo Código Civil. In: DIDIER JÚNIOR, Fredie; ALVIM, Teresa Arruda (Coord.) *Aspectos polêmicos e atuais sobre terceiros no processo civil (e assuntos afins)*. São Paulo: Revistados Tribunais, 2004, p. 1053.
[289] CÂMARA, 2001, v.2., p. 181.
[290] Ibidem, p. 181.

que era parte no processo quanto o adquirente da coisa ou direito litigioso serão atingidos pelos efeitos decorrentes da sentença.

A estabilização subjetiva da lide, impedindo-se modificações entre os sujeitos envolvidos pela vontade unilateral de um deles, é uma das regras traçadas como forma de evitar "que o processo se torne um repositório de descontentamentos e soluções ficcionais".[291] Diante disso, como forma de dar uma solução eficaz ao processo, é necessário que a decisão judicial atinja não somente as partes, mas, também, aquele que adquiriu o bem objeto do litígio.

Tem-se, portanto, que "a alienação da coisa litigiosa é válida, mas inteiramente ineficaz perante o autor em caso de procedência da ação. Assim é que, em sede de execução, se 'alienada a coisa quando já litigiosa, expedir-se-á mandado contra terceiro adquirente, que somente será ouvido depois de depositá-la'" (CPC, art. 626).[292]

Assim, verificam-se ao menos duas situações:[293]

1) Se a ação pendente contra o alienante for fundada em direito real de propriedade e vier a ser julgada procedente, o autor da demanda – e não o adquirente – será declarado em sentença "proprietário";

2) Tratando-se de ação possessória, "o adquirente não poderá desfrutar de situação mais sólida do que aquela em que estava o alienante, donde a sua submissão à execução caso o autor tenha sucesso".

Com efeito, uma vez que a causa da ineficácia da alienação ou oneração se dá pela circunstância de o negócio ter por objeto coisa litigiosa, a caracterização da fraude não depende da situação patrimonial do devedor. Pela norma do inciso I do art. 593 do CPC art. não há que se perquirir da insolvência do devedor, porque o interesse jurídico do sujeito ativo está intimamente ligado a um bem determinado, "culminando, a ação reivindicatória – exemplo clássico de ação real – com a execução para entrega da coisa certa".[294] Assim, "não faz diferença que tenha outros bens, livres e desembaraçados, eis que estará configurada a fraude à execução, pois, como se trata de ação fundada em direito real, somente interessa ao autor o bem vinculado ao processo. É esse bem que trará a satisfação do autor".[295]

---

[291] FERREIRA, 2004, p. 1053.
[292] ZAVASCKI, 2000, v. 8, p. 282.
[293] DINAMARCO, 2002, p. 292.
[294] CAMBLER, Everaldo. Fraude de execução. *Revista de Processo*, São Paulo, v. 15, nº 58, abr./jun. 1990, p. 159.
[295] SALAMACHA, 2005, p. 160.

7.6.2.1.1. A questão da inscrição da citação no registro imobiliário e o ônus da prova quanto à fraude à execução

Discute-se sobre a necessidade ou não da inscrição, no Registro Imobiliário, da citação da ação real para ensejar a configuração da fraude à execução.

Conforme Vicente Greco Filho, o Código não condiciona a situação de fraude de execução a nenhuma providência do credor. A inscrição da citação nas ações fundadas em direito real ou a inscrição da penhora previstas na Lei dos Registros Públicos[296] são medidas assecuratórias de direitos e que têm por fim eliminar possível dúvida quanto à situação jurídica dos bens, mas sua falta não inutiliza a garantia decorrente do texto expresso do Código de Processo.[297]

Amílcar de Castro explica que a falta de inscrição da citação da ação ou da constrição judicial sobre o bem (penhora, arresto, seqüestro) não impede a alegação de fraude contra a execução, e, sim, somente, tem a significação de imputar ao exeqüente no ônus de provar que o adquirente tinha conhecimento de que sobre os bens estava sendo movido litígio fundado em direito real ou de que pendia contra o alienante demanda capaz de lhe alterar o patrimônio, de tal sorte que ficaria reduzido à insolvência.[298]

Ocorre que, na hipótese do inciso I, do art. 593, é relativa, e não absoluta, a presunção de que o terceiro, participante do negócio, conhecia a litigiosidade instalada sobre o bem.[299] Nesse sentido, decidiu a 3ª Turma do Superior Tribunal de Justiça que, a presunção de fraude do ato que, no curso de ação fundada em direito real, aliena ou onera bens, é relativa, ou seja, só existe a respeito das pessoas que figuram no litígio.[300]

Com efeito, em se tratando de bem imóvel, o registro da citação no ofício imobiliário, previsto no art. 167, I, nº 21, da Lei 6.015, de 31.12.1973, é prova presumida, irrefragável, de conhecimento das condições legais de fraude por parte de terceiro.[301]

Portanto, assevera Zavascki que, "se o registro não tiver sido lavrado, nem por isso se descarta a fraude, e a questão se resume en-

---

[296] Art. 167. No Registro de Imóveis, além da matrícula, serão feitos. I – o registro: [...] 21) das citações de ações reais ou pessoais reipersecutórias, relativas a imóveis;[...]
[297] GRECO FILHO, 2003, p. 42. Neste sentido: MONTENEGRO FILHO, 2005, v. 2, p. 379.
[298] CASTRO, 1974, p. 67. No mesmo sentido: SILVA, 2000, p. 77.
[299] ZAVASCKI, 2000, v. 8, p. 282.
[300] BRASIL. Superior Tribunal de Justiça. Resp nº 2.314/SP, de 10 abr. 1990. Relator: Min. Cláudio Santos.
[301] CASTRO. Amílcar de. *Do procedimento de execução*. 2. ed. Obra atualizada e reisada por Stanley Martins Frasão e Peterson Venites Komel Júnior. Rio de Janeiro: Forense, 2000, p. 67.

tão em definir a quem cabe o ônus de provar a ciência, pelo terceiro, da pendência da ação".³⁰²

Neste caso, afirma Araken de Assis "incumbe ao exeqüente provar, por outros meios, que o adquirente conhecia a litispendência."³⁰³

Ao contrário, registrada a citação, nos termos do art. 167, I, item 21, da Lei n° 6.015/73, a presunção se torna absoluta (*jure et de jure*),³⁰⁴ não podendo o adquirente, ou beneficiário do gravame, alegar o desconhecimento da litigiosidade sobre o bem.³⁰⁵

Em suma, a doutrina majoritária entende existir duas situações a considerar:³⁰⁶

a) se a citação estiver inscrita no registro imobiliário, a fraude independe de prova porque se presume do fato do registro, pelo qual se tem registrado como do conhecimento de todos e, portanto, do adquirente dos bens ou daqueles em favor de quem foi feita sua oneração. Tem-se, portanto, na hipótese, presunção absoluta em benefício do credor;

b) não havendo inscrição da citação no Registro, conquanto ainda aí exista fraude, incumbirá ao credor (exeqüente) o ônus de provar as condições legais da fraude à execução, isto é, deverá demonstrar que o terceiro adquirente ou beneficiário com a oneração dos bens tinha conhecimento da existência da ação pendente contra o alienante ou instituidor do ônus real.

Entretanto, para esta segunda hipótese, outras vozes surgem defendendo entendimento diverso da maioria, mas, não por isso são merecedorores de menor atenção. Friza-se a posição adotada por Frederico Cais, defendendo que não sendo efetivado o registro da citação da ação fundada em direito real, a presunção de fraude à execução será relativa e o ônus de provar que a disposição ocorreu em data anterior à propositura da ação ou ainda de que se valeu dos meios regulares para cientificar-se da existência da demanda fica a cargo do terceiro (adquirente do bem ou beneficiário do ônus) –, e não do credor.

Considerando a relevância e pertinência dos entendimentos existentes na doutrina, a necessária efetividade da prestação juris-

---

[302] ZAVASCKI, op. cit., p. 282.
[303] ASSIS, 1999, v. 6, p. 234.
[304] Ibidem, p. 234.
[305] CAIS, 2005, p. 147.
[306] Defendem tal entendimento, entre outros: THEODORO JUNIOR, 2005, v. 2, p. 131, SANTOS, M., 2003, v. 3, p. 260, ZAVASCKI, 2000, v. 8, p. 283. OLIVEIRA, 1998, p. 68.

dicional (princípio da efetividade) e ao mesmo tempo a indispensável segurança que se deve proporcionar e garantir aos negócios jurídicos celebrados de boa-fé (princípio da boa-fé e da segurança jurídica), é possível defender uma terceira alternativa, sugerida por José Eli Salamacha, a qual apresenta critério objetivo para o enfrentamento desta situação e por conseqüência determina em benefício de quem opera a presunção relativa.[307] Por esse entendimento, ainda que não registrada a citação, ocorre presunção relativa em benefício do credor, podendo a fraude à execução ser declarada de imediato, quando a demanda tramitar na mesma comarca em que se localizar o bem imóvel litigioso ou no domicílio do alienante.

Tal presunção em favor do credor justifica-se por ser do costume comercial moderno que o adquirente de bem imóvel obtenha certidão negativa de ônus no registro imobiliário, além de obter junto aos cartórios distribuidores da justiça – cível e federal – certidões de existência de processos pendentes, tanto na comarca onde se situa o bem alienado quanto no domicílio do alienante caso este seja em local diverso de onde está localizado o imóvel.

Também é da praxe comercial que o adquirente exija do alienante pessoa jurídica certidões da Justiça Federal e do Trabalho, das Fazendas Nacional, Estadual e Municipal, além de certidões de inexistência de débito junto ao INSS, FGTS etc.[308]

Não observando as cautelas mínimas exigidas para assegurar a segurança do negócio que está celebrando, nada mais justo que o próprio adquirente suporte o ônus da sua desídia.

Por outro lado, a presunção relativa em benefício do adquirente deve ocorrer quando a demanda tramitar em comarca diversa daquela onde está localizado o imóvel objeto da alienação ou oneração ou daquela onde está domiciliado o alienante, uma vez que não há como exigir do adquirente que obtenha certidões de todos os cartórios distribuidores do País (Justiça Federal e Estadual), haja vista que estes não estão interligados. Isso, nas palavras de Carlos Augusto de Assis "seria impossível e, como é curial, não se pode exigir o impossível".[309]

---

[307] SALAMACHA, 2005, p. 163.

[308] Lembra-se que em tratando-se de alienante pessoa jurídica, a certidão do INSS é obrigatória para que seja possível a lavratura da escritura pública, os termos da Lei 8.212/91, assim como são obrigatórias as certidões da Delegacia da Receita Federal e Procuradoria da Fazenda Nacional.

[309] ASSIS, Carlos Augusto de. Fraude à execução e boa-fé do adquirente. *Revista de Processo*, São Paulo, v. 27, nº 105, p. 221-239, jan./mar. 2002, p. 231. b) Talvez impossível não seja a palavra mais adequada, uma vez que é sim possível ao adquirente obter as certidões de todos os distribuidores. Melhor seria dizer que tal diligência seria "inviável" ou "não razoável".

Nessa situação, portanto, caberá ao credor "comprovar que o adquirente do bem litigioso tinha conhecimento ou condições de ter conhecimento da demanda, mesmo em outra comarca, invertendo-se, dessa forma, o ônus da prova".[310]

Por esta solução, ao mesmo tempo em que se exige do adquirente cautelas razoáveis a serem tomadas antes da realização do negócio jurídico, amparar-se o adquirente de boa-fé que, embora diligencie no sentido de verificar a existência de alguma demanda contra o alienante nos locais mais prováveis – comarca onde se localiza o imóvel e na comarca onde está domiciliado o alienante – pode vir a ser surpreendido com a alegação de fraude à execução pela existência de demanda fundada em direito real contra o alienante tramitando em alguma comarca num dos confins do País.

Salienta Teori Zavascki que em relação aos bens móveis deve-se adotar a mesma orientação, ou seja, sem registro da publicidade da citação, o ônus da prova de que o terceiro tinha ciência da ação fundada em direito real é do credor.[311]

7.6.2.1.2. Alienações sucessivas de bem objeto de ação fundada em direito real

Por outro lado, não se pode esquecer que, na hipótese de transferências sucessivas do bem, merecem proteção os terceiros de boa-fé. Por esse motivo, não tendo sido inscrita a citação no registro competente, "a boa-fé do terceiro se presume, cabendo ao credor o ônus de provar o contrário. Todavia, os negócios posteriores ao registro, mesmo quando realizados sucessivamente, são ineficazes perante o autor da ação, porque a nenhum dos novos adquirentes beneficia a alegação de desconhecimento do fato da litigiosidade do bem".[312]

Com a inscrição da citação do réu no registro de imóveis, que passa a acompanhar o bem imóvel sempre que for solicitada sua certidão junto ao registro competente, nenhum terceiro poderá ignorar a situação, ante a possibilidade de o autor vencer a ação e, portanto, ter assegurado seu direito sobre o bem.[313]

---

[310] SALAMACHA, 2005, p. 165.
[311] ZAVASCKI, 2000, v. 8, p. 283.
[312] Ibidem, p. 283.
[313] LIMA, 1974, p. 504.

7.6.2.2. Insolvência

A hipótese de fraude à execução prevista no art. 593, II, do CPC, pressupõe, assim como na hipótese do inciso I, (a) negócio de alienação ou oneração de bens e (b) litispendência. Entretanto, neste caso, o bem alienado ou onerado é qualquer bem penhorável do patrimônio do devedor.

A fraude do inciso II estará configurada, "quando, ao tempo da alienação ou oneração, corria contra o devedor demanda capaz de reduzi-lo à insolvência". Ou seja, para que haja a fraude à execução prevista no inciso II, faz-se necessário, também, que a alienação ou oneração de bens penhoráveis resulte em insolvência do devedor e, por conseqüência, dano ao credor.

É importante, antes de qualquer outra consideração, frizar o equívoco existente na redação do inciso II do art. 593 do CPC, capaz de levar o intérprete a entendimento equivocado.

Muito embora o artigo referido fale em "demanda capaz de reduzir o devedor à insolvência", em verdade, pouco importa se a demanda era ou não capaz de tornar o devedor insolvente. Esclarece Alexandre Câmara que "a insolvência deve ser resultado do ato de alienação ou oneração realizado no curso do processo para que seja considerado em fraude à execução".[314] Para elucidar esta questão, segue exemplo dado por Alexandre Câmara:

> se a demanda pede a condenação do demandado a pagar 100, e este tem patrimônio de 300, a literalidade da lei levaria a concluir que o devedor poderia, livremente, alienar ou onerar seus bens no curso do processo, sem que se configurasse a fraude à execução (sendo, pois, necessário verificar a presença dos requisitos da fraude pauliana). Não é assim, porém. Pendente o processo iniciado pela demanda figurada no exemplo, e alienando o demandado um bem de seu patrimônio no valor de 220, terá se tornado insolvente, e o ato deverá ser considerado em fraude à execução.[315]

Portanto, não é a demanda em si que reduz o devedor à insolvência, mas o ato de alienação ou oneração que se efetivou no curso da demanda.

Diferentemente da regra prevista do art. 593, I, do CPC, a qual regula e protege da fraude determinado ou determinados bens, no inciso II do mesmo artigo não há essa especificidade, pois a fraude ali prevista poderá ocorrer mediante a alienação ou oneração de quaisquer bens do devedor desde que pendente uma demanda,

---
[314] CÂMARA, 2001, v. 2, p. 182.
[315] Ibidem, p. 182

acrescentando, ainda, como requisito que deste ato decorra a insolvabilidade do alienante.

Para Ernani Fidelis dos Santos, "demanda capaz de causar a insolvência é aquela que provoca, no caso de procedência do pedido, obrigação de o devedor pagar quantia certa. As alienações ou as onerações que ele fizer, reduzindo a garantia patrimonial para a referida causa, se consideram fraudatórias da execução e ineficazes com relação a ela".[316]

Como já se disse, o patrimônio do devedor representa para o credor a garantia de poder conseguir, em caso de inadimplemento, satisfação coativa pelas vias judiciais. Portanto, para que haja a fraude à execução de que trata o inciso II é indispensável que a redução do patrimônio do devedor decorrente da alienação ou oneração de bens penhoráveis resulte em insolvência, ou seja, em incapacidade patrimonial para suportar a obrigação executada.

A insolvência "se verifica sempre que a importância das dívidas do devedor suplantar o valor de seus bens".[317] E não é outra a definição de insolvência prevista no art. 748 do CPC.[318]

Para se caracterizar a fraude do inciso II é suficiente a insolvência de fato sendo dispensada sua declaração formal por sentença.[319] Este estado de déficit patrimonial prescinde de prova exaustiva. "A cognição judicial, no exame do elemento insolvência para fins de fraude contra o processo executivo, se torna sumária: realiza-se no próprio processo em que a denúncia do credor se materializa".[320]

Ainda, com relação à prova da insolvência, afirma Araken de Assis:[321]

> Exigir que o credor prove a inexistência de bens penhoráveis constitui exagero flagrante, provocando as dificuldades inerentes à prova negativa, a despeito de lhe tocar o ônus da prova. Cabe invocar a presunção de insolvência, decorrente da falta de bens livres para nomear a penhora (art. 750, I). Ao alegar a falta de bens livres o ônus toca ao executado (art. 600, IV), principalmente quanto à titularidade de bens móveis, ou imóveis situado fora do juízo da execução.

Neste sentido, recentemente, asseverou a 3ª Turma do Superior Tribunal de Justiça que "milita em favor do exeqüente a presunção

---
[316] SANTOS, E., 2003, v. 2, p. 92.
[317] Ibidem, p. 92.
[318] Art. 748. Dá-se a insolvência toda vez que as dívidas excederem à importância dos bens do devedor.
[319] Nesse sentido: REsp 34.498, REsp 20.778, REsp 61.448. Também, ZAVASCKI, 2000, v. 8, p. 284.
[320] ASSIS, 1999, v. 6, p. 235.
[321] ASSIS, 2004b, p. 235.

iuris tantum de que a alienação do bem levaria o devedor à insolvência, cabendo ao adquirente a prova em contrário".[322]

Assim, não sendo localizados outros bens passíveis de penhora além daquele alienado ou gravado no curso do processo, presume-se a insolvência, cabendo ao oficial de justiça lançar a constrição sobre ele.[323]

Caso o devedor possua vários bens que ultrapassem o valor da dívida, mas aliena todos, não reservando quantia suficiente para o pagamento da dívida, de forma a configurar-se a insolvência incorre em fraude à execução.[324] Entretanto, se os bens foram alienados escalonadamente, somente se considerará em fraude à execução aquelas alienações ocorridas a partir do momento em que não se reservou bens suficientes para o pagamento da dívida.

Nesta hipótese, segundo Gelson Amaro de Souza "somente hão de ser considerados em fraude à execução as últimas vendas e não as primeiras, porque a insolvência somente se concretizou a partir de certa e determinada venda e não quando foram realizadas as primeiras".[325]

7.6.3. Outros casos de fraude à execução

Além das situações de fraude alinhadas nos incisos I e II do CPC, existem outras previstas no próprio Código e na legislação especial.

O inciso III do art. 593 do CPC tem aplicação geral, abrangendo todos os casos não previstos pelos dispositivos anteriores, ou seja, aqueles casos já regulados em lei e todos aqueles que venham a ser.

Neste sentido, José Sebastião de Oliveira acrescenta:

> O que se verifica, na realidade, é que a lei processual, ao elencar as possibilidades da configuração da fraude à execução, não quis dar conotação de que as mesmas se tratassem de *numeros clausus*, de sorte que esse dispositivo deixa em aberto todas as demais possibilidades previstas em outras legislações, inclusive as que porventura vierem a vigorar.[326]

---

[322] BRASIL. Superior Tribunal de Justiça. Resp 127.159/MG. Relator: Min Antônio de Pádua Ribeiro. *DJ* 13 jun. 2005, p. 286.
[323] DINAMARCO, 2002, p. 294.
[324] Evidentemente, preenchidos os demais pressupostos caracterizadores da fraude à execução.
[325] SOUZA, 2002, p. 82.
[326] OLIVEIRA, 1998, p. 72.

7.6.3.1. Atos de alienação ou oneração após a inscrição da dívida ativa

Um dos casos a que se refere o inciso III do art. 593 do CPC em que a lei expressa a fraude à execução está consagrado no art. 185 do Código Tributário Nacional e diz respeito ao crédito tributário.

A fraude à execução fiscal foi conceituada por Carlos Henrique Abraão, antes da alteração do art. 185 do Código Tributário Nacional pela Lei Complementar 118, de 09/02/2005, como sendo "a conduta por intermédio da qual o devedor se permite frustrar a cobrança, retirando do seu patrimônio bem que estaria adstrito ao procedimento, dado o lapso temporal da inscrição regular e da execução proposta".[327]

O artigo 185 do CTN possuía, até publicação da LC 118, a seguinte redação:

> Art. 185. Presume-se fraudulenta a alienação ou oneração de bens ou rendas, ou seu começo, por sujeito passivo em débito para com a Fazenda Pública por crédito tributário regularmente inscrito como dívida ativa em fase de execução.
> Parágrafo único. O disposto neste artigo não se aplica na hipótese de terem sido reservados pelo devedor bens ou rendas suficientes ao total pagamento da dívida em fase de execução.

Verifica-se, portanto, da leitura do dispositivo legal, que havia a presunção *juris et de juris*, exigindo a lei para a configuração da fraude os seguintes pressupostos:

a) existência de crédito fiscal inscrito em dívida ativa e em fase de execução;

b) a insolvência do devedor.

Inicialmente, a dúvida estava em saber se a expressão "em fase de execução" designava o crédito inscrito em dívida ativa ou já ajuizado mediante Ação de Execução Fiscal.

Alguns juristas, entre os quais Ricardo Cunha Chimenti, entendiam que "fase de execução" significa, tão-somente, ter havido a inscrição regular do débito em dívida ativa.[328] Por outro lado, uma corrente doutrinária defendia que "fase de execução" significava já ter havido o ajuizamento da execução fiscal, não bastando, portanto, o só ato de inscrição em dívida ativa. Esta é era a posição adotada

---

[327] ABRÃO, Carlos Henrique. Fraude à Execução Fiscal. *Revista Dialética de Direito Tributário*, São Paulo, nº 27, p. 14-19, 1997, p. 14.

[328] CHIMENTI, Ricardo Cunha. *Direito tributário*. 3. ed. São Paulo: Saraiva, 2001, p. 98.

majoritariamente pela doutrina, sendo esposada, dentre outros, por Eduardo Sabbag.[329]

Antes da alteração do art. 185 do Código Tributário Nacional, Luciano Amaro afirmava que a presunção de fraude só operaria se se tratasse de crédito tributário já em fase de execução, não bastando a inscrição em dívida ativa, pois se isso fosse suficiente, a norma não teria acrescido a qualificação expressa, referida à execução, e teria falado apenas dívida ativa.[330]

Na ocasião, afirmou Maury Ângelo Bottesini que "a partir da inscrição de um débito como dívida ativa, qualquer alienação ou oneração de bens pelo devedor será ineficaz em relação às Fazendas Públicas (art. 185 do CTN)".[331]

Na interpretação dada por Paulo de Barros Carvalho à antiga redação do art. 185 do CTN, uma vez inscrito o débito tributário pela Fazenda Pública, no livro de registro da dívida ativa, estaria determinado o marco temporal, após o que qualquer alienação de bens ou rendas, ou seu começo, pelo sujeito devedor, será presumida como fraudulenta. Justificava Barros Carvalho sua posição sob o argumento de que o estágio de execução teria início com o ajuizamento da ação e a citação do devedor e assim, pela interpretação literal do artigo da lei, a presunção de fraude surgiria a partir do momento em que, convocado o réu para compor a lide, tem início a fase de execução. Entretanto, ressalvava: "O entendimento corrente, porém, é menos rigoroso com a Fazenda Pública, estabelecendo-se a baliza da inscrição da dívida como termo inicial da existência da presunção".[332]

A jurisprudência do Superior Tribunal de Justiça, todavia, exigia para a configuração de fraude à execução fiscal ao menos a existência de pedido executivo despachado pelo juiz. Para a 1ª Turma do Superior Tribunal de Justiça, por exemplo, a fraude à execução fiscal estaria caracterizada "a partir da existência de pedido executivo, mesmo sem a citação do devedor".[333]

Entendia o Superior Tribunal de Justiça, portanto, que para a configuração de fraude à execução, indispensável seria, ao menos, a

---

[329] SABAGG, Eduardo de Moraes. Direito tributário. São Paulo: Siciliano Jurídico, 2004, p. 222.

[330] AMARO, Luciano. Direito tributário brasileiro. 10. ed. São Paulo: Saraiva, 2004, p. 456-457.

[331] BOTTESINI, Maury Ângelo et al. Lei de execução fiscal comentada e anotada. 3. ed. São Paulo: Revista dos Tribunais, 2000, p. 128.

[332] CARVALHO, Paulo de Barros. Curso de direito tributário. 4. ed. São Paulo: Saraiva, 1991, p. 329.

[333] BRASIL. Superior Tribunal de Justiça. REsp 74021/SP. Relator: Min. Humberto Gomes de Barros, DJ 04 mar. 1996, p. 05375. No mesmo sentido: Resp 59659/RS, REsp 2250/SP e REsp 81297/RS.

distribuição da ação executiva, não podendo ser considerada a data em que ocorreu a inscrição em dívida ativa como termo a partir do qual toda a alienação de bens poderia ser considerada fraudulenta.

Recentemente, todavia, o Superior Tribunal de Justiça passou a decidir de forma diversa, exigindo a distribuição da ação executiva e a citação do executado. Por exemplo, a 1ª Seção consolidou o entendimento de que não considera fraude de execução a alienação ocorrida antes da citação do executado alienante.[334] A partir daí, tornou-se uníssono no Superior Tribunal de Justiça o entendimento no sentido de que se presume fraudulenta a alienação de bens de sujeito passivo em débito para com a Fazenda Pública após a citação do devedor no processo de execução, não sendo suficiente a inscrição regular do crédito tributário.[335]

Ao interpretar o referido dispositivo legal, Vandré Augusto Búrigo destacou a diferença guardada entre o dispositivo do CTN em relação ao art. 593, II, do CPC. Segundo o jurista, "pelo fato de a primeira veicular uma garantia da obtenção do crédito tributário – norma, portanto, que revela o interesse público – definitivamente não se pode emprestar à expressão 'crédito tributário regularmente inscrito como dívida ativa em fase de execução' exatamente a mesma conotação que se empresta à expressão 'demanda' referida no CPC".[336]

Segundo Búrigo, analisando o artigo antes da alteração, a exigência da citação, em se tratando de execução fiscal, não se revelava razoável, pois, assim, estar-se-ia esvaziando a garantia que o legislador buscou consagrar. Por isso, afirmou que "em se tratando de crédito tributário, deve prevalecer como marco a partir do qual uma alienação possa ser acoimada de fraudulenta (fraude à execução) a data da inscrição em dívida ativa, ou em última hipótese, a data do ajuizamento da Ação de Execução Fiscal (independente de citação)".[337]

A discussão acabou sendo solucionada pela nova redação do art. 185 do CTN, derivada da Lei Complementar 118, de 09/02/2005,[338]

---

[334] BRASIL. Superior Tibunal de Justiça. EREsp nº 31321/SP. Relator: Min. Milton Luiz Pereira. *DJ* 16 nov.1999.

[335] BRASIL. Superior Tribunal de Justiça. AGA 493916/MS. Relator: Min. Franciulli Netto. *DJ* 28 jun. 2004, p. 246 e BRASIL. Superior Tibunal de Justiça. REsp 352764/MT. Relator: Min. Garcia Vieira. *DJ* 21 out. 2002, p. 280.

[336] BÚRIGO, Vandré Augusto. A garantia do crédito tributário: a presunção de fraude à execução. *Revista Dialética de Direito Tributário*, São Paulo, nº 92, p. 74-83, 2003, p. 83.

[337] BÚRIGO, 2003, p. 83.

[338] CTN: Art. 185. Presume-se fraudulenta a alienação ou oneração de bens ou rendas, ou seu começo, por sujeito passivo em débito para com a Fazenda Pública, por crédito tributário regularmente inscrito como dívida ativa. (Redação dada pela Lcp nº 118, de 2005)

segundo a qual se presume fraudulenta a alienação ou a oneração de bens ou rendas, ou seu começo, por sujeito passivo em débito para com a Fazenda Pública "por crédito tributário regularmente inscrito como dívida ativa", permanecendo, contudo, a ressalva para a hipótese de "terem sido reservados pelo devedor bens ou rendas suficientes ao total pagamento da dívida inscrita". Retirou-se do dispositivo a expressão final "em fase de execução".

A referida alteração mereceu a crítica da doutrina segundo a qual a inscrição da dívida ativa "não é ato da Administração Fazendária que se revista da necessária publicidade para gerar por si só a ineficácia do ato de alienação ou oneração de bens, em prejuízo e adquirentes inocentes que de nenhum modo poderiam ter evitado a aquisição".[339]

Opera-se, no entender de Hugo de Brito Machado, presunção absoluta, contra a qual não cabe nenhuma espécie de prova, desde que não sejam localizados bens penhoráveis do devedor, suficientes para garantir a execução.[340] Esta presunção geral, *iuris et de iure*, está limitada ao caso do sujeito passivo alienar seus bens ou rendas de forma a não restar o suficiente para o pagamento total da dívida com o fisco.[341]

Entretanto, com o advento da LC 118/2005, "opera a presunção, obviamente relativa, desde a inscrição, prescindindo-se do ajuizamento da demanda e, *a fortiori*, da citação do devedor para o negócio dispositivo se revelar ineficaz perante a Fazenda Pública".[342]

Parágrafo único. O disposto neste artigo não se aplica na hipótese de terem sido reservados, pelo devedor, bens ou rendas suficientes ao total pagamento da dívida inscrita. (Redação dada pela Lcp n° 118, de 2005)

Art. 185-A. Na hipótese de o devedor tributário, devidamente citado, não pagar nem apresentar bens à penhora no prazo legal e não forem encontrados bens penhoráveis, o juiz determinará a indisponibilidade de seus bens e direitos, comunicando a decisão, preferencialmente por meio eletrônico, aos órgãos e entidades que promovem registros de transferência de bens, especialmente ao registro público de imóveis e às autoridades supervisoras do mercado bancário e do mercado de capitais, a fim de que, no âmbito de suas atribuições, façam cumprir a ordem judicial. (Incluído pela Lcp n° 118, de 2005)

§ 1° A indisponibilidade de que trata o *caput* deste artigo limitar-se-á ao valor total exigível, devendo o juiz determinar o imediato levantamento da indisponibilidade dos bens ou valores que excederem esse limite. (Incluído pela Lcp n° 118, de 2005)

§ 2° Os órgãos e entidades aos quais se fizer a comunicação de que trata o *caput* deste artigo enviarão imediatamente ao juízo a relação discriminada dos bens e direitos cuja indisponibilidade houverem promovido. (Incluído pela Lcp n° 118, de 2005)

[339] GRECO, Leonardo. As garantias fundamentais do processo de execução fiscal. In: *Execução civil*: aspectos polêmicos. São Paulo: Dialética, 2005, p. 265.

[340] MACHADO, Hugo de Brito. *Comentários ao Código Tributário Nacional*. São Paulo: Atlas, 2005, v. 3, p. 673.

[341] BALEEIRO, Aliomar. *Direito tributário brasileiro*. 11. ed. Rio de Janeiro: Forense, 1999, p. 970.

[342] ASSIS, 2004b, p. 242.

Como se vê, a nova redação a ser dada ao art. 185 do CTN afasta de vez qualquer dúvida a respeito do marco inicial da presunção de fraude, deixando assentado, de forma indiscutível, bastar, tão-somente, a inscrição do débito em dívida ativa. Justifica-se tal alteração, uma vez que, em razão de se revestir de indiscutível interesse público e em razão da destinação pública dos tributos, tendo sido atribuída ao crédito tributário uma série de garantias pelo Código Tributário Nacional, dentre as quais privilégios em relação aos demais créditos, exceto quanto ao trabalhista,[343] e também a garantia da presunção de fraude.

Se "garantia", em acepção ampla, significa qualquer disposição assecuratória de um direito, com o objetivo de conferir segurança, estabilidade e exigibilidade,[344] a garantia do crédito tributário, pela especificidade de que se reveste, caracteriza-se por ser uma norma protetora, pois permite que sejam afastados excepcionalmente pelo Fisco certos entraves à realização do seu direito de crédito, entraves estes que existiriam normalmente, decorrentes de normas de direito privado. E é com vistas em tal conceituação que deve ser lida a regra expressa no art. 185 do CTN.

Portanto, diante da nova redação dada ao art. 185 do Código Tributário Nacional, confirma-se a interpretação dada por Paulo de Barros Carvalho ao art. 185, mesmo antes da alteração pela LC 118/2005, e agora com mais razão, de que "inscrito o débito tributário pela Fazenda Pública no livro de registro da dívida ativa, fica estabelecido o marco temporal, após o que qualquer alienação de bens ou rendas, ou seu começo, pelo sujeito devedor, será presumida como fraudulenta".[345] Entretanto, muito embora haja uma precisa unidade de tempo, a contar da qual emerge a presunção de fraude do alienante de seus bens ou rendas "nem por isso estará vedado à Fazenda o caminho de comprovar que a operação anterior visou a defraudar o Fisco. A prova, certamente, não será fácil, mas teoricamente pode ser produzida".[346]

Observa-se que o art. 185 do CTN faz referência à presunção de fraude quando ocorrer a alienação ou oneração de bens ou rendas, ou seu começo. Significa que ocorrendo o começo da alienação ou da

---

[343] MONDAINI, Flávio. Presunção de Fraude à execução: garantia do crédito tributário do INSS regularmente inscrito como dívida ativa em fase de execução. *Revista da Procuradoria Geral do INSS*, Brasília, v. 4, p. 4-36, 2000.

[344] SPAGNOL, Werther Botelho. *Curso de direito tributário*. Belo Horizonte: Del Rey, 2004, p. 255.

[345] CARVALHO, Paulo de Barros. *Curso de direito tributário*. 17. ed. São Paulo: Saraiva, 2005, p. 525.

[346] Ibidem, p. 526.

oneração, antes da inscrição do débito tributário em Dívida Ativa, não existirá a presunção de fraude, ainda que a alienação ou oneração venha a ocorrer depois da inscrição.[347]

É indispensável, outrossim, para que a inscrição do crédito tributário em dívida ativa possa produzir a presunção de fraude, que o sujeito passivo da obrigação tributária tenha conhecimento daquele ato. Não sendo, portanto, o sujeito passivo notificado da inscrição em dívida ativa, a presunção a que se refere o art. 185 do CTN não se opera.[348]

O parágrafo único do art. 185 do CTN, considerado supérfluo por Paulo de Barros Carvalho,[349] enuncia que inexiste presunção de fraude quando o devedor, alienando bens ou rendas, reserva outros para garantir o total pagamento da dívida tributária inscrita. Daí conclui-se, efetivamente, como antes referido, o pressuposto da insolvência para a ocorrência de fraude à execução, o qual se manteve na nova redação.

Também quando se trata de fraude à execução fiscal, a discussão sobre a quem caberia a prova quanto à insolvência do devedor manifesta-se, e, talvez, com maior razão do que no crédito comum, uma vez que naquela se configura uma finalidade elevada, pois a obtenção do crédito tributário merece tratamento privilegiado.

A inexistência de bens penhoráveis de propriedade do credor ocorre, via de regra, apenas no momento da execução do título. Em razão disso, Paulo Búrigo defende que a demonstração do estado de insolvência não "incumbe de forma pronta e cabal ao credor", justificando:

> Dele deve ser exigida a demonstração meramente indiciária, já que milita em seu favor a presunção quanto à inexistência de bens executáveis do devedor, principalmente no caso desse, na condição de executado, não ter indicado ao juízo, o que lhe competia (art. 600, IV do CPC).
>
> Assim, o ônus da prova contrária deve repousar sobre o devedor, cabendo-lhe ainda indicar à penhora os bens apresentados, tudo para que não haja o perigo de aproveitar-se da própria torpeza.[350]

Da mesma forma, não se pode exigir do credor a demonstração de que foi exatamente com a alienação de determinado bem taxada de fraudulenta que o devedor tornou-se insolvente.

---

[347] MACHADO, 2005, v. 3, p. 675.
[348] Ibidem, p. 680.
[349] CARVALHO, op. cit., p. 526.
[350] BÚRIGO, 2003, p. 80.

Se assim não fosse, "ter-se-ia que dar, como dever corrente ao credor, o monitoramento permanente do patrimônio do devedor (não só à época da contratação), impondo-lhe o encargo excessivo e desnecessário já que o ordenamento impõe à contraparte o dever jurídico correlato".[351]

É importante observar que, se por um lado a nova redação do art. 185 do CTN solucionou a dúvida que ainda existia com relação ao marco temporal a partir do qual qualquer alienação de bens ou rendas, ou seu começo, pelo devedor da Fazenda Pública, será presumida como fraudulenta, por outro lado há quem diga que a partir da alteração do artigo pela LC 118, passou-se a tratar de hipótese de fraude contra credores, especificamente contra a Fazenda Pública.[352]

Ocorre que para se admitir essa modalidade de fraude como sendo fraude contra credores, seria necessário excepcionar os requisitos deste instituto, a ponto de aceitar sua configuração independente de demonstração do *consilium fraudis*, diante da presunção expressa no art. 185 do CTN e exigindo-se procedimento próprio – ação pauliana – a ser proposta pelo credor (Fazenda Pública) com o objetivo de desconstituir o negócio realizado, fazendo com que o bem retorne ao patrimônio do devedor e, aí sim, proceder na penhora.

Diante disso, parece mais adequado afirmar que a fraude prevista no art. 185 do CTN é uma modalidade *sui generis* de fraude, se assemelhando, em alguns aspectos, à fraude à execução e, em outros, à fraude contra credores.

7.6.3.2. Alienação dos bens penhorados, arrestados ou seqüestrados

Não existe, na legislação Nacional, regra cominando expressamente sanção à alienação ou oneração pelo devedor de bem que já esteja penhorado, arrestado ou seqüestrado. Entretanto, como o bem constrito se encontra afetado à jurisdição, por vínculo instrumental à atividade executiva, "o ato de disposição, de certa maneira, equivale, em seu regime jurídico, ao de alienação da coisa litigiosa (CPC, art. 42) e, conseqüentemente, a uma espécie, também, de fraude de execução (CPC, art. 593, I)".[353]

Assim, a alienação de bens já constritos por medidas judiciais pode ser caracterizada como uma espécie de fraude à execução, não prevista na legislação, muito embora se possa qualificar como uma

---
[351] BÚRIGO, 2003, p. 80.
[352] CAIS, 2005, p. 168.
[353] THEODORO JÚNIOR, 2001, p. 158.

das mais graves infrações fraudulentas. Nesta hipótese, além da dispensa da prova da má-fé (*consilium fraudis*), não se há de indagar do pressuposto da insolvência do devedor.[354]

É indispensável, contudo, que a penhora tenha se efetivado, pois, do contrário, adverte Araken de Assis, "mesmo que citado o executado, a hipótese reflui ao preceituado no art. 593, II, e se revela imprescindível a prova da insolvência".[355]

Em razão da dispensa do requisito da insolvência nesta modalidade de fraude, entende Cândido Rangel Dinamarco tratar-se a alienação do bem penhorado de uma forma grave de fraude à execução. Para Dinamarco, "ela se resolve num atentado ao estado de concreta sujeição do bem, e não apenas tentativa de subtrair bem responsável e ainda não constrito (fraude de execução, CPC 593)".[356]

Para José Frederico Marques, a alienação de bem penhorado, seqüestrado ou arrestado em juízo não constitui fraude à execução, pois se trata de ato inexistente. Segundo Marques, "a penhora, o arresto ou o seqüestro subtraem a coisa, por completo, do poder de disponibilidade do executado ou réu".[357]

Também Pedro dos Santos Barcelos defende que a alienação de bens que se encontram constritos judicialmente não configura modalidade de fraude à execução. Para Barcelos, fraude pressupõe dano ao credor, e a venda de bem penhorado em nada prejudicará o credor ou o Estado, uma vez que a penhora acompanhará o bem onde estiver e, só ocorre a desvinculação com a alienação judicial do bem ou com a baixa da penhora autorizada pelo juiz.[358]

Ocorre, em verdade, que ao ser penhorado o bem, o Estado não subtrai de seu proprietário o poder de disposição da coisa, mas, tãosomente, a torna submissa à execução, de forma tal que se impõe sobre ela um verdadeiro ônus processual.[359]

Por essa razão, observa Liebman que é freqüente nos julgados e na doutrina a afirmação de que as alienações de bens penhorados não valeriam porque feitas em fraude de execução. No entanto, a ineficácia das alienações em face da execução decorre por efeito do

---
[354] TEIXEIRA, 1986, p. 229.
[355] ASSIS, 2004b, p. 236.
[356] DINAMARCO, 2002, p. 306.
[357] MARQUES, 1986-87, v. 4, p. 77.
[358] BARCELOS, 1990, p. 50.
[359] SANTOS, E., 2003, v. 2, p. 93.

vínculo imposto sobre os bens pela penhora, sem depender da fraude, nem de seus requisitos.[360]

Não estando vedada a alienação ou oneração de bens constritos – penhorados, arrestados, seqüestrados etc. – o ato de disposição é válido, porém ineficaz perante a execução, sendo despiciendo qualquer exame sobre as condições subjetivas de culpa ou má-fé,[361] ou da existência de bens remanescentes no patrimônio do devedor-executado. Isto significa que os efeitos do ato de disposição de bens constritos não prejudicarão o processo, porque os bens constritos, mesmo passando a outro patrimônio, continuarão constritos e sujeitar-se-ão aos atos executivos como se não houvessem saído da esfera jurídica do devedor.

Para analisar com maior propriedade o tema, é importante que se identifique o conceito e efeitos das formas de constrição mais comuns:

O arresto é providência de índole cautelar, cuja finalidade é preservar o patrimônio que responde pela dívida, resguardando-o de desvios, ocultações, dilapidações, de modo que fique resguardado e destinado, desde logo, a servir de objeto à atividade propriamente executiva.[362] Consiste na apreensão judicial de bens do presumível devedor, por requerimento de alguém que se diga seu credor. Se destina a assegurar uma futura execução monetária ou, genericamente, execução sobre coisa fungível.[363]

Já o seqüestro, provimento cautelar específico previsto nos arts. 822 e seguintes do CPC, visa a proteger uma futura execução para entrega de coisa certa. Significa dizer que o seqüestro deve incidir sobre bem determinado, devidamente caracterizado pelo sequestrante, cuja propriedade ou posse em geral é duvidosa, já que o litígio a ser tratado na demanda principal determinará a quem pertence o objeto seqüestrado ou a qual dos litigantes caberá a respectiva posse.[364]

Denomina-se penhora o ato por meio do qual se realiza a apreensão de bens para sua aplicação direta ou indiretamente na satisfa-

---

[360] LIEBMAN, 1968, n° 57, nota n° 9.
[361] BRASIL. Supremo Tribunal Federal. RE 108.911. Relator: Min. Carlos Madeira. DJ 22 ago. 86, p. 14.524.
[362] BARBOSA MOREIRA, José Carlos. *O novo processo civil brasileiro*. Rio de Janeiro: Forense, 2001, p. 224.
[363] SILVA, Ovídio Baptista da. *Curso de processo civil*. 3. ed. São Paulo: Revista dos Tribunais, 2000, v. 3, p. 232.
[364] SILVA, 2000, p. 232.

ção do crédito exeqüendo,[365] pois "il creditore per conseguire quanto gli è dovuto, può far espropriare i beni del debitore".[366]

A penhora, afirma José Frederico Marques "é o ato coercitivo com que se prepara a expropriação dos bens do devedor solvente de quantia certa, com o que se lhe fixa e se individualiza a responsabilidade processual ou executiva", possuindo também a qualidade de elemento de segurança da execução, "uma vez que com a apreensão de bens do devedor a tutela executiva encontra garantias para atingir seus objetivos".[367] É um ato de apreensão judicial de bens (integrante do procedimento da execução por quantia certa contra devedor solvente) destinado a determinar os bens que suportarão a atividade executiva.[368] O bem penhorado, assim, será empregado na satisfação do crédito exeqüendo, o que se fará através da expropriação do mesmo.

Conforme Barbosa Moreira, a penhora pode atingir bens pertencentes ao próprio devedor ou, por exceção, bens pertencentes a terceiros, quando suportem a responsabilidade executiva,[369] produzindo efeitos de ordem processual e de ordem material.[370]

São efeitos processuais da penhora:

a) individualizar o bem ou os bens que vão suportar, *in concreto*, a responsabilidade executiva, suscetível de abranger, *in abstracto*, a totalidade dos referidos bens, salvo as restrições legais (cf. art. 591);

b) garantir o juízo da execução, assegurando, na medida do possível, a eficácia prática da atividade executiva (função cautela da penhora, que nem por isso se reduz à condição de providência essencialmente cautelar);

c) gerar para o credor, enquanto não se verifique a insolvência do devedor (art. 612, princípio), preferência no recebimento do produto da alienação dos bens, em relação a outros eventuais credores que só depois hajam conseguido penhorá-los. Essa preferência não se equipara a direito real sobre os bens penhorados, nem se sobrepõe às preferências acaso fundadas em título legal (privilégio ou direito real, Código Civil, art. 1.557) anterior à penhora. É o que resulta da interpretação sistemática dos arts. 612, 613, 709 e 711.

---

[365] BARBOSA MOREIRA, op. cit., p. 225.
[366] SATTA, Salvatore; PUNZI, Carmine. *Diritto processuale civile*. 13. ed. Padova: CEDAM, 2000, p. 576.
[367] MARQUES, 1986-87, v. 4, p. 787.
[368] CÂMARA. 2001, v. 2, p. 183.
[369] BARBOSA MOREIRA, 2001, p. 225.
[370] Ibidem, p. 234.

São efeitos materiais da penhora:

a) privar o devedor, mediante o depósito, da posse direta dos bens penhorados, ou pelo menos alterar-lhe o título da posse, quando fique ele próprio como depositário;

b) tornar ineficazes em relação ao credor penhorante (não nulos, nem anuláveis) os atos de disposição dos bens penhorados que porventura venha o devedor a praticar, permitindo que a atividade executiva continue a realizar-se sobre eles.

É de se dizer, porém, que a penhora não é capaz por si só de retirar o bem do patrimônio do executado, o que faz com que este permaneça com a faculdade dele dispor, muito embora não possa mais ser excluído da sujeição às medidas executivas.[371] Com a penhora, ocorrem a apreensão e o depósito do bem (art. 664 do CPC), o que, no entanto, como atos jurídicos processuais fazem com que o bem fique materialmente à disposição do Estado, ainda que o depositário seja o próprio dono que está livre para aliená-lo ou onerá-lo, muito embora continue ele preso à penhora efetuada.[372] Ensina José Lebre de Freitas que, com a penhora, o executado perde os poderes de gozo sobre o bem, mas não o poder de dele dispor. E sendo assim, continua a poder praticar, depois da penhora, atos de disposição ou oneração. Tais atos, conforme o jurista lusitano, comprometeriam a função da penhora se tivessem eficácia plena. Por isso, "são ineficazes em relação à execução".[373]

A penhora tem a função de individualizar o bem, ou os bens, sobre os quais o ofício executivo deverá atuar para dar satisfação ao credor e submetê-lo materialmente à transferência coativa.[374] Visa, também, a conservar os bens assim individualizados na situação em que se encontram, evitando que sejam escondidos, deteriorados ou alienados em prejuízo da execução em curso.[375]

Tratando-se de alienação pelo devedor de bem penhorado ou arrestado, vale a lição de Cahali:[376]

> Tanto na doutrina quanto na jurisprudência, os dois institutos de constrição judicial aqui se equiparam, quanto aos seus efeitos pois o arresto cautelar participa da na-

---

[371] CÂMARA, 2001, v. 2, p. 183. Em sentido contrário: MARQUES, 1997, v. 4, p. 77: A venda de bem penhorado, arrestado ou seqüestrado em juízo não constitui fraude à execução, pois trata-se de ato inexistente. É que "a penhora, o arresto ou o seqüestro subtraem a coisa por completo, do poder de disponibilidade do executado ou réu".
[372] SANTOS, E., 2003, v. 2, p. 93.
[373] FREITAS, 1993, p. 218.
[374] MICHELI, 1970, v. 3, p. 155.
[375] LIEBMANN, Enrico Tullio. *Processo de execução*. São Paulo: Bestbook, 2003, p. 149.
[376] CAHALI, 1999, p. 585.

tureza e finalidade da penhora, ambos vinculando o bem apreendido à sorte de um processo, como instrumento de sua eficaz atuação, tem-se como certo que: a) o ato de disposição praticado pelo devedor considera-se ineficaz quanto ao exeqüente, no sentido de permitir a excussão do próprio bem, ainda que em mãos de terceiros, como se o mesmo não tivesse saído do patrimônio do executado; e b) prescinde-se doa averiguação do requisito da insolvência do devedor-executado, referida no art. 593, II do CPC, a que possa ter sido reduzido o patrimônio do demandado em razão da alienação.

O que se verifica, na verdade, é que não há qualquer dispositivo legal ou razão jurídica para que a constrição judicial impeça a alienação do bem. Todavia, os bens constritados ficam submetidos ao poder jurisdicional do Estado; a apreensão da coisa é ato formal e solene, de tal modo que se considera ineficaz perante o credor qualquer ato de disposição da mesma a que se proponha o devedor.[377]

Significa isto dizer que a alienação do bem penhorado, embora válida e apta a produzir seu efeito programado, retirando do bem do patrimônio do executado, e transferindo-o para o patrimônio do adquirente, é inoponível ao exeqüente, sendo incapaz de produzir o efeito secundário (ineficácia relativa) de excluir o bem alienado da responsabilidade patrimonial.[378]

Nesse sentido, vale transcrever a lição do jurista Lusitano Artur Anselmo de Castro:[379]

Se, quanto à disposição material dos bens, o princípio é o de indisponibilidade absoluta, quanto à disposição jurídica, como acaba de dizer-se, rege o princípio oposto da livre disponibilidade do direito, apenas com a limitação da ineficácia dos respectivos actos, para com a execução, independentemente de declaração judicial; isto é, tendo-se os actos como válidos e eficazes em todas as direcções menos em relação à execução, para a qual são havidos como se não existissem.

Alguns doutrinadores justificam também a ineficácia da alienação de bem constrito perante a execução por ser este ato considerado uma resistência injustificada à autoridade do juiz, já concretamente exercida sobre aquele. É uma afronta a um concreto ato estatal já consumado,[380] e não considerá-lo ineficaz "implicaria total renúncia do Estado-juiz à efetividade do poder que exerce e que por natureza deve ser inevitável".[381]

Com efeito, o ato de alienação de bem constrito é inoponível ao credor que promovia a execução e ao juiz desta. Portanto, o bem

---
[377] CAHALI, 1999, p. 587.
[378] CÂMARA, 2001, v. 2, p. 184.
[379] ANSELMO DE CASTRO, 1977, p. 156.
[380] DINAMARCO, 2004, v. 4, p. 398.
[381] Ibidem, p. 398.

continua penhorado e sob a responsabilidade de um depositário, que tem o dever de entregá-lo ou exibi-lo quando o juízo lhe determinar.

De qualquer forma, nesta espécie de fraude, inexiste qualquer referência à situação econômica do devedor. Assim, a fraude estará configurada com a alienação do bem penhorado, não tendo qualquer importância se o devedor torna-se ou não insolvente com a alienação. Este ato será fraudulento ainda que o devedor mantenha em seu patrimônio bens suficientes para satisfazer o crédito exeqüendo.

Do contrário, adverte Dinamarco, "sempre que alegasse não ser insolvente o devedor, poderia o adquirente criar incômodo *onus probandi* para o credor, impondo delongas à satisfação do crédito do exeqüente e talvez até obtendo a eficácia do ato de alienação".[382]

A fraude decorrente da alienação de bens penhorados, arrestados ou seqüestrados por ser muito semelhante à fraude à execução prevista no art. 593 do CPC justifica sua qualificação como espécie do gênero fraude à execução. Todavia, não se deve olvidar que para a configuração da fraude decorrente da alienação de bens constritos não tem relevância o estado de insolvência do executado.

Questão nevrálgica e ainda não pacificada na doutrina diz com a necessidade ou não do registro da penhora para que a alienação do bem fique ineficaz perante a execução.

7.6.3.2.1. A questão do registro da constrição judicial de bem imóvel e o ônus da prova

A questão da obrigatoriedade do registro da constrição judicial de bem imóvel para a caracterização da fraude à execução é tema ainda controvertido na doutrina e na jurisprudência.

Existe no Brasil um sistema de publicidade que considera o ato registrado divulgado e transmitido a todas as pessoas submetidas ao mesmo ordenamento jurídico.

Dentre as funções do registro imobiliário estão a especificação de cada imóvel e dos respectivos direitos reais que a ele se refiram, fornecer para a Administração Pública meios de controle sobre as transmudações da propriedade imobiliária Administração Pública e permitir à sociedade conhecer de situações jurídicas, e assim ga-

---

[382] DINAMARCO, 2002, p. 304.

rantindo um mínimo de segurança jurídica na celebração dos negócios.[383]

Esse sistema de registros, a exemplo do que ocorre em outros países, fulcra-se em princípios como o da fé pública, a segurança jurídica e da publicidade que, ao fim, visam à garantia da segurança jurídica, um dos três princípios supremos de todo e qualquer direito.[384]

Conforme disposto no art. 240 da Lei de Registros Públicos (Lei 6.015/73), o registro da penhora faz prova quanto à fraude de qualquer transação posterior. Com efeito, após o registro da constrição, qualquer alienação do bem será ineficaz perante o exeqüente (credor).

Observa, no entanto, Amílcar de Castro, que o fato de não ter sido registrada ou inscrita a constrição sobre o bem (penhora ou arresto ou o seqüestro) ou a citação "não impede a alegação de fraude contra à execução e, sim, somente tem a significação de ficar o exeqüente no ônus de provar que o adquirente tinha conhecimento, ou de que sobre os bens estava sendo movido litígio fundado em direito real, ou de que pendia contra o alienante demanda capaz de lhe alterar o patrimônio, de tal sorte que ficaria reduzido à insolvência".[385]

Décio Antônio Erpen afirma que para a caracterização da fraude à execução não é necessário o registro da constrição judicial sobre o imóvel. Entretanto, entende que o registro se constitui em prova pré-constituída, dispensando toda e qualquer outra prova porque a fraude é presumida *juris et de jure*. Assim, "se não promovido o registro, deve a parte comprovar a fraude por todos os meios permitidos pelo sistema",[386] ou seja, não efetuado o registro da penhora, será do credor o encargo de provar que o adquirente tinha conhecimento de que estava sendo movida contra o alienante demanda capaz de torná-lo insolvente ou, ao menos, que o adquirente tinha condições, a partir dos meios costumeiros disponíveis de saber da existência de ação em face do alienante.[387]

Entendendo desnecessário o registro da penhora para que a alienação do bem seja considerada em fraude à execução, Cândido

---

[383] RESENDE, Ivana H. Ueda. A alienação de coisa litigiosa e a alienação de coisa sobre que incida constrição judicial. *Revista dos Tribunais*, São Paulo, v. 87, nº 749, p. 169-177, mar. 1998, p. 173.
[384] ENGISCH, Karl. *Introdução ao pensamento jurídico*. 5. ed. Lisboa: Calouste Gulbenkian, 1946, p. 262.
[385] CASTRO, 2000, p. 67.
[386] ERPEN, 1990, p. 240.
[387] CAIS, 2005, p. 159.

Dinamarco fundamenta seu posicionamento no fato de ser a penhora um ato público, que integra um processo jurisdicional público, motivo pelo qual entende constituir ônus do adquirente perquirir a respeito, correndo os riscos de eventual imprudência ou erro. Para Dinamarco, entender-se a alienação de bem constrito como uma grave modalidade de fraude à execução autoriza que se preserve a situação do credor exeqüente em prejuízo, zelando-se pela autoridade do juiz, em prejuízo do adquirente desse bem.[388]

Para a corrente doutrinária a qual se filia Dinamarco, a ineficácia da alienação de um bem penhorado decorre da própria penhora e não do seu eventual registro. O "ato apresenta-se automaticamente ineficaz, sem qualquer subordinação à prévia inscrição".[389]

Analisando o disposto no art. 659 do CPC, após a introdução do § 4º, pela Lei 8.953/94, o qual determinou que a penhora de bens imóveis realizar-se-á mediante auto ou termo de penhora e inscrição no respectivo registro, observa Dinamarco que a redação do dispositivo "poderia dar a impressão de que agora o registro seria indispensável para a consumação de penhora; mas a doutrina maciçamente entende que se trata somente de uma providência para conhecimento de terceiros".[390] Na ocasião, a alteração sofreu a crítica de Araken de Assis que considerou como "a mais infeliz das modificações" por entender que a obrigatoriedade do registro trava o procedimento.[391]

Ocorre que o registro da penhora, após sua efetivação pelo Oficial de Justiça ou por nomeação de bens, não tem qualquer interferência no prazo para o oferecimento de embargos pelo executado, mas traz uma importante inovação, qual seja, a de ser ato de natureza administrativa, praticada pelo serventuário do registro imobiliário, complementar à penhora, mas não dela integrante e que, a exemplo do Direito português (CPC, 838, nº 3), tem a finalidade específica de fazer prova quanto à fraude de qualquer transação posterior, como já dizia o art. 240 da Lei 6.015/73.[392] Não se deve esquecer, outrossim, que, no Direito português, o registro é obrigatório e constitui ônus do exeqüente. Assim, o registro da penhora

---

[388] DINAMARCO, 2002, p. 306.

[389] Ibidem, p. 306. No mesmo sentido: PONTES DE MIRANDA, Pontes de. *Tratado de direito privado*. Atualizado por Vilson Rodrigues Alves. Campinas: Bookseller, 2000. v. 9, p. 381, § 1256, nº 1; THEODORO JÚNIOR, 2004, cap. XIII, nº 8, esp. p. 157.

[390] DINAMARCO, op. cit., p. 306, nº 109.

[391] ASSIS, Araken. Reforma do processo executivo. In: GIORGIS, José Carlos Teixeira (Org.) *Inovações do Código de Processo Civil*. Porto Alegre: Livraria do Advogado, 1997, p. 157.

[392] PAVAN, Dorival Renato; CARVALHO, Cristiane Costa. Da necessidade do registro da penhora como condição para se operar a fraude à execução: algumas considerações. *Revista dos Tribunais*, São Paulo, v. 87, nº 748, p. 132-143, fev. 1998, p. 134.

previsto no art. 838º, nº 3, do CPC português, não só é condição da eficácia do ato da penhora perante terceiros, como "é também condição do prosseguimento do próprio processo de execução, o qual só tem lugar após a junção do certificado do registro da penhora e da certidão dos ónus que incidam sobre os bens por ela abrangidos".[393]

Hodiernamente, a lei exige o registro da penhora quando o bem constrito for imóvel. A novel exigência "visa a proteção do terceiro de boa-fé, e não é ato essencial à formalização da constrição judicial".[394] É, também, mais uma garantia do credor, pela publicidade do ato de constrição, mas não é obrigatório, nem impede a proclamação da fraude à execução.[395]

A exigência do registro da penhora referida foi decorrente da alteração do CPC, por força da Lei 10.444, de 7 de maio de 2002, que alterou o § 4º do art. 659 que assim passou a dispor:

> Art. 659. Se o devedor não pagar, nem fizer nomeação válida, o oficial de justiça penhorar-lhe-á tantos bens quantos bastem para o pagamento do principal, juros, custas e honorários advocatícios.
>
> § 4º A penhora de bens imóveis realizar-se-á mediante auto ou termo de penhora, cabendo ao exeqüente, sem prejuízo da imediata intimação do executado (art. 669), providenciar, para presunção absoluta de conhecimento por terceiros, o respectivo registro no ofício imobiliário, mediante apresentação de certidão de inteiro teor do ato e independentemente de mandado judicial.

Resta claro, portanto, que a principal finalidade da alteração do § 4º do CPC é, efetivamente, dar conhecimento aos terceiros de que sobre determinado bem imóvel existe uma medida judicial constritiva e, assim, proteger não só os terceiros, mas também o credor, uma vez que, registrada a penhora no cartório imobiliário e ocorrendo por parte do devedor a alienação ou oneração do bem, será esta ineficaz em relação ao exeqüente, operando-se a presunção absoluta de fraude e, assim, não poderá o adquirente alegar a existência de boa-fé no negócio realizado.[396]

Não havendo registro, todavia, haverá presunção relativa em benefício do credor se a demanda tramitar na mesma comarca em que se localizar o bem alienado ou onerado a terceiro ou na mesma comarca em que se localizar o imóvel penhorado, ou ainda, no domicílio do alienante, sendo possível ao adquirente provar, em

---

[393] FREITAS, 1993, p. 211.
[394] FUX, 2004, p. 1298.
[395] CASTRO, 1983, p. 146.
[396] SALAMACHA, 2005, p. 174.

embargos de terceiro, que não tinha como ter ciência da demanda pendente ou da penhora não registrada.[397]

Opera-se, por outro lado, a presunção relativa em favor do adquirente quando a demanda não ocorrer na mesma comarca em que se localizar o bem alienado ou onerado a terceiro, ou na mesma comarca em que se localizar o imóvel constrito, ou ainda, no domicílio do alienante. Tal presunção em favor do adquirente, pode ser elidida pelo credor desde que provado que em face das circunstâncias do caso o adquirente tinha como saber da demanda pendente ou da insolvência do devedor alienante.[398]

Com efeito, o fato de não ter sido registrada a penhora não impedirá, no rigor dos termos, a ocorrência de fraude à execução, quando a oneração ou a alienação do bem for posterior à citação válida e capaz de reduzir o devedor à insolvência, remetendo-se a análise da situação aos pressupostos caracterizadores da fraude à execução previstos no art. 593, II, do CPC.

7.6.3.2.2. Alienações sucessivas do imóvel constrito

Inegavelmente, tanto a introdução do § 4º do art. 659 do CPC quanto a sua alteração pela Lei 10.444/02 contribuem para melhor disciplinar a questão que envolve a alienação de bem constrito.

Justificam-se as alterações, como forma de evitar que terceiro de boa-fé adquira bem imóvel que encontra-se constrito em processo judicial movido contra o alienante que nem sempre tem condições de conhecer.

Efetivamente, a obrigatoriedade do registro da penhora, denominado "inscrição" no § 4º do art. 659 do CPC, somente adquire força obrigatória para comprovar a fraude nas alienações sucessivas realizadas pelo terceiro adquirente, nos termos do art. 240 da Lei 6.015/73, quando haverá presunção absoluta da ocorrência de fraude à execução.[399]

Por outro lado, não registrada a penhora, opera-se a presunção relativa em relação daquele que adquiriu o bem após sucessivas alienações, pois não há como exigir desse a verificação junto aos cartórios distribuidores forenses em nome de toda a cadeia de proprietários anteriores àquele de quem está adquirindo o imóvel.

---

[397] SALAMACHA, 2005, p. 180.
[398] Ibidem, p. 184.
[399] ASSIS, 1997, p. 157. Nesse sentido: SANTOS, E., 2003, v. 2, p. 91.

7.6.3.3. Transferência da impenhorabilidade da residência familiar

Não obstante a regra do art. 591 do CPC, o certo é que, por razões de outra ordem que não apenas econômica, há, na lei que regula a execução por quantia certa, a enumeração de bens que, mesmo sendo disponíveis por sua natureza, não se consideram, entretanto, passíveis de penhora, muito embora, ordinariamente, o devedor tenha o poder de aliená-los livremente e de, por iniciativa própria, convertê-los em numerário, quando bem lhe aprouver.[400]

Também no direito processual espanhol, existem limitações à penhora, conforme assevera Francisco Ramos Méndez:[401]

> A pesar de este principio general de embargabilidad, lo cierto es que existen diversas limitaciones que imponen restricciones al embargo. Las limitaciones pueden provenir de diversas causas. En unos casos, serán debidas a la carencia de valor económico de un determinado objeto, o mejor, a la impossibilidade de realización de dicho contenido económico. Esta última imposibilidad de realización puede derivar tanto de motivos físicos como jurídicos. En otros casos, la inembargabilidad es previsión expresa de la ley, en atención a diversos criterios de oportunidad. Por esta razón es conveniente efectuar un análisis negativo de los diversos supuestos en que un objeto no es susceptible de embargo.

No direito brasileiro, a Lei n° 8.009/90, em seu art. 1°, dispõe que "o imóvel residencial próprio do casal, ou da entidade familiar, é impenhorável e não responderá por qualquer tipo de dívida civil, comercial, fiscal, previdenciária ou de outra natureza, contraída pelos cônjuges ou pelos pais ou filhos que sejam seus proprietários e nele residam, salvo nas hipóteses previstas em lei".

Entretanto, a mesma Lei prevê, em seu art. 4°, abaixo transcrito, uma exceção a essa regra:

> Art. 4º Não se beneficiará do disposto nesta lei aquele que, sabendo-se insolvente, adquire de má-fé imóvel mais valioso para transferir a residência familiar, desfazendo-se ou não da moradia antiga.

Trata-se, portanto, de hipótese de fraude à execução, examinável nesta sede por força do art. 593, III, do CPC.

Essa hipótese de fraude consistiria em criar impenhorabilidade aparente de residência familiar, adquirida para tal fim, nela concentrando valores antes dispersos em outros bens móveis ou imóveis.[402]

---
[400] THEODORO JUNIOR, 2005, v. 2, p. 223.
[401] RAMOS MÉNDEZ, Francisco. *Derecho procesal civil*. Barcelona: Bosch, 1992, v. 2, p. 1050.
[402] ASSIS, 2004b, p. 241.

Tal modalidade de fraude poderá ocorrer pela aquisição de imóvel mais valioso, transferindo a residência, ou pela venda da antiga morada e aquisição de outro imóvel de maior valor.

Nesse sentido, a 3ª Turma do Superior Tribunal de Justiça entendeu não incidir a impenhorabilidade prevista na Lei 8.009/90 "se o devedor muda sua residência para imóvel já constrito".[403]

Mais recentemente, a 4ª Turma do Superior Tribunal de Justiça asseverou entendimento de que "não se aplica a Lei 8.009/90 quando o executado, depois de se desfazer do seu patrimônio, transfere residência para o imóvel penhorado".[404]

Com efeito, a teor do § 1º do referido artigo, "poderá o juiz, na respectiva ação do credor, transferir a impenhorabilidade para a moradia familiar anterior, ou anular-lhe a venda, liberando a mais valiosa para execução ou concurso, conforme a hipótese".

Na primeira hipótese, a moradia "mais valiosa" se exporá à expropriação em execução singular ou coletiva. Terceiros permanecem indiferentes à manobra fraudulenta e às suas conseqüências.[405]

Já na segunda hipótese, se o devedor alienar a moradia em negócio próprio ou mesmo se for incluída como parte do pagamento do novo imóvel, o ato judicial que anular a alienação atingirá, inevitavelmente, o adquirente. Nesta hipótese, tratando-se de verdadeira fraude contra credor, há de se atender o requisito do *consilium fraudis*.[406]

Salienta Araken de Assis que "ao credor que almeja penhorar a residência mais valiosa incumbe provar, mediante meios hábeis e convincentes, a insolvência e a má-fé do devedor. É preciso, pois, que nenhum outro imóvel do executado seja penhorável ou que ele, comparativamente à situação anterior, não satisfaça integralmente o crédito".[407]

7.6.3.4. A quitação fraudulenta por terceiro em conluio com o devedor na penhora de crédito

Outro caso de fraude à execução previsto fora do art. 593 do CPC é o da quitação obtida por terceiro, em conluio com o devedor,

---

[403] BRASIL. Superior Tribunal de Justiça. RMS 7904/RS. Relator: Min. Eduardo Ribeiro. DJ 15 jun.1998, p. 110.
[404] BRASIL. Superior Tribunal de Justiça. REsp 252824/RJ. Relator: Min. Ruy Rosado de Aguiar. DJ 12 mar. 2001, p. 146.
[405] ASSIS, op. cit., p. 241.
[406] SANTOS, E., 2003, v. 2, p. 153.
[407] ASSIS, 1999, v. 6, p. 242.

nas penhoras de créditos dependentes da apreensão de títulos, hipótese prevista no art. 672, § 3º, do CPC, que tem a seguinte redação:

> Art. 672. A penhora de crédito, representada por letra de câmbio, nota promissória, duplicata, cheque ou outros títulos, far-se-á pela apreensão do documento, esteja ou não em poder do devedor.
> [...]
> § 3º Se o terceiro negar o débito em conluio com o devedor, a quitação, que este lhe der, considerar-se-á em fraude de execução.

A apuração da fraude, neste caso, poderá se realizar sem forma nem figura de Juízo, em incidente processual próprio conforme § 4º do art. 672 do CPC,[408] no qual há previsão expressa de audiência para que sejam tomados os depoimentos do devedor e do terceiro. Da decisão, de natureza declaratória, caberá agravo se a alegada fraude for afastada. Em caso de reconhecimento da fraude à execução, a decisão ensejará o recurso de apelação, por ter a sentença decidido o mérito da controvérsia inicial, nos termos do art. 513 do CPC.[409]

7.6.3.5. Fraude após a averbação do ajuizamento da ação de execução

Nos termos do art. 615-A, *caput*, introduzido pela Lei 11.382/06, o exeqüente poderá, no ato da distribuição, obter certidão comprobatória do ajuizamento da demanda executória, na qual identificar-se-ão as partes e valor da causa, para fins de averbação no registro de imóveis, registro de veículos ou registro de outros bens sujeitos à penhora ou arresto.

O § 3º do art. 615-A estabelece a presunção de fraude à execução caso ocorra a alienação ou oneração de bens efetuada após a averbação. O parágrafo faz remissão ao art. 593 do CPC, permitindo supor que a referência é ao inciso III, eis que único admissível.[410]

Assim, alienado bem objeto da averbação, este permanecerá no patrimônio do adquirente, sujeito à penhora, sem que se possa cogitar de boa-fé do adquirente para impedi-la, pois a averbação torna a força da execução ajuizada oponível *erga omnes*.

A possibilidade de averbação da certidão comprobatória do ajuizamento da execução no registro de imóveis, registro de veículos ou registro de outros bens sujeitos à penhora ou arresto ampliou

---

[408] CPC: Art. 672, § 4º A requerimento do credor, o juiz determinará o comparecimento, em audiência especialmente designada, do devedor e do terceiro, a fim de lhes tomar os depoimentos.

[409] NEVES, Celso. *Comentários ao Código de Processo Civil*. Rio de Janeiro: Forense, 1999, v. 7: arts. 646 a 795, p. 70

[410] ASSIS, Araken de. *Manual da Execução*. 11. ed. São Paulo: Revista dos Tribunais, 2007, p. 259.

consideravelmente o uso do registro nesse campo, pois antes somente era permitido o registro da penhora para divulgá-la *erga omnes*.

Agora, após a distribuição da petição inicial da ação de execução (CPC, art. 263), é permitido ao exeqüente obter a certidão do ajuizamento do feito para averbação no registro público, podendo ocorrer diversas averbações relacionadas a uma mesma execução, mas sempre à margem do registro de algum bem penhorável.[411]

Para o cumprimento da medida de averbação não é necessário qualquer mandado judicial devendo ser cumprida pelo exeqüente. Caberá a este comunicar ao juízo da execução as averbações efetivadas, no prazo de dez dias da sua concretização, conforme dispõe o § 1º do art. 615-A do CPC. Em se tratando de várias averbações em datas diferentes, o prazo de dez dias deverá ser contado a cada averbação realizada, isoladamente.[412]

Formalizada a penhora sobre os bens suficientes para garantir da dívida, será determinado o cancelamento das averbações relativas àqueles bens que não tenham sido penhorados, o que demonstra o caráter provisório da medida. O cancelamento dependerá de provimento judicial, a requerimento do exeqüente ou do executado ou, ainda, *ex officio*.[413] A averbação da certidão é, portanto, medida de caráter acautelatório, que visa a garantir a eficácia do processo executivo.[414]

Após a averbação eventual alienação ou oneração dos bens por ela afetados, presumir-se-á em fraude à execução (CPC, art. 615-A, § 3º). Trata-se de presunção *juris et de jure*, pois, uma vez realizada a averbação há eficácia perante o terceiro, não sendo possível a ele alegar o desconhecimento da pendência judicial contra o alienante.[415]

Conforme ressalta Humberto Theodoro Júnior, a nova Lei institui um mecanismo de ineficácia relativa, ou seja, "a eventual alienação ou oneração será válida entre as partes do negócio, mas não

---

[411] THEODORO JÚNIOR, Humberto. *A reforma da execução do título extrajudicial*. Rio de Janeiro: Forense, 2007, p. 33.

[412] PALHARINI JÚNIOR, Sidney in *Nova Execução do Título Extrajudicial: Lei 11.382/2006 comentada artigo por artigo*. Fernando Sacco Neto ... et al. Leonardo Ferres da Silva Ribeiro (org.). São Paulo: Método, 2007, p. 54.

[413] ASSIS, Araken de, op. cit., p. 259.

[414] Nesse sentido: THEODORO JÚNIOR, Humberto. *A reforma da execução do título extrajudicial*. Rio de Janeiro: Forense, 2007, p. 33; PALHARINI JÚNIOR, Sidney. *Nova Execução do Título Extrajudicial*: Lei 11.382/2006 comentada artigo por artigo. Fernando Sacco Neto ... et al. Leonardo Ferres da Silva Ribeiro (org.). São Paulo: Método, 2007, p. 52.

[415] ASSIS, Araken de, op. cit., p. 260.

poderá ser oposta a execução por configurar hipótese de fraude nos termos do art. 593, como prevê o § 3º do art. 615-A".[416]

Essa presunção de fraude, antes de aperfeiçoada a penhora, não se opera caso o executado possua bens garantir o juízo da execução. Inexistindo bens suficientes para o adimplemento do crédito do exeqüente, a alienação ou oneração será considerada fraudulenta independentemente da análise da intenção (boa ou má-fé) do adquirente. Tal procedimento, portanto, se observado pelo exeqüente, põe fim a antiga problemática envolvendo o adquirente de boa-fé, principalmente naquelas hipóteses em que a demanda judicial contra o alienante tramitava em comarca diversa de seu domicílio ou da comarca onde se localizava o bem alienado.

A inovação trazida na Lei 11.382/06 é, portanto, um eficiente mecanismo à disposição do exeqüente de forma a garantir o recebimento de seu crédito, reduzindo a possibilidade de o devedor frustrar a execução desviando bens necessários ao adimplemento do seu débito para com o exequente.

---

[416] THEODORO JÚNIOR, Humberto. *A reforma da execução do título extrajudicial*. Rio de Janeiro: Forense, 2007, p. 33.

8. Procedimentos e efeitos da declaração de fraude à execução

Conforme já referimos anteriormente, a fraude à execução visa a impedir atos de alienação fraudulentos ou, apenas, reputá-los ineficazes, em vista da pendência do processo.

Apesar da gravidade do ato do devedor que frauda a execução, não há na legislação qualquer norma a disciplinar o procedimento para o reconhecimento e a declaração da ocorrência desta.

Neste aspecto, o que se encontra na prática forense, conforme observa Gelson Amaro de Souza, "é a adoção de medida empírica sem técnica jurídica e sem apoio do devido procedimento legal".[417]

Na ausência de procedimento específico definido pelo legislador para o conhecimento e declaração da fraude à execução, restou, pois, à doutrina e à jurisprudência a tarefa de determiná-lo.

Gelson Amaro, no cumprimento desta tarefa, afirma que não havendo algum procedimento especial a ser seguido definido em lei, qualquer que seja o adotado, não sendo o procedimento comum ordinário, "será contrário ao princípio constitucional do devido processo legal, em face da norma expressa do art. 271, do CPC e as garantias constitucionais do art. 5º, LIV e LV, da Constituição Federal",[418] todavia, este não é o entendimento mais aceito pela doutrina e jurisprudência, embora pareça adequado.

A problemática com relação ao procedimento para declaração da fraude à execução surge já no que se refere a necessidade de provocação da parte para que dela o juiz conheça e julgue.

---

[417] SOUZA, 2002, p. 66.
[418] Ibidem, p. 66. Também Décio Antônio Erpen defende que é necessário ação própria, por iniciativa do credor, para obter a declaração de fraude à execução, na qual deve o adquirente integrar o contaditório. ERPEN, 1992, p. 19.

De pronto se afirma que o juiz não poderá declarar a fraude à execução, sem a provocação do credor.[419] Nesse sentido, muitas são as justificativas.

Conforme entende José Maria da Rosa Tesheiner, a declaração da fraude à execução "exige provocação da parte, porque a execução se realiza no interesse do credor (CPC, art. 598). Constitui leviandade a iniciativa oficial, considerados os danos materiais e morais que esta declaração pode causar, sobretudo para o adquirente".[420] Note-se que o juiz só responderá por perdas e danos nas hipóteses previstas no art. 133 do CPC, ou seja, quando no exercício das suas funções proceder com dolo ou fraude, ou quando recusar, omitir ou retardar, sem justo motivo, providência que deva ordenar de ofício ou a requerimento da parte. Com efeito, não se enquadrando em nenhuma dessas hipóteses, não poderá ser responsabilizado o juiz por ato que declara a fraude à execução de ofício e vem a causar dano a terceiro ou ao próprio exeqüente.

Neste aspecto, também Everaldo Cambler entende necessário o pedido da parte ao juiz para que este, em simples decisão interlocutória, declare a fraude à execução.[421]

No mesmo sentido é o posicionamento de Araken de Assis ao afirmar que a declaração de existência de fraude à execução "dependerá de postulação do credor".[422] Também, ocasião anterior, manifestou-se no mesmo sentido, quando ao tratar do requisito da insolvência para caracterização da fraude à execução afirmou que no exame da fraude à execução se sumariza a cognição judicial, "de resto efetivada no próprio processo em que a denúncia do credor se materializa",[423] permitindo concluir que a provocação do credor é necessária para o reconhecimento judicial da fraude à execução.

Em sentido contrário, José Sebastião de Oliveira entende que a alienação ou oneração de bens por parte do devedor, em fraude à execução, é um ato de tal gravidade[424] que permite ao juiz da causa, após tomar conhecimento da fraude, a declare *ex officio*.[425] Nesta

---

[419] SOUZA, op. cit., p. 212.
[420] TESHEINER, José Maria Rosa. *Responsabilidade patrimonial*. Disponível em: <http://www.tex.pro.br.> Acesso em: 20 jan. 2006.
[421] CAMBLER, 1990, p. 160.
[422] ASSIS, 2004b, p. 242.
[423] ASSIS, 1991-92, p. 27.
[424] Refere José Sebastião de Oliveira que a alienação ou oneração de bens em fraude à execução atenta contra a dignidade da justiça, nos termos do art. 600 do CPC, contrapondo-se frontalmente à atividade do jurisdicional do Estado. OLIVEIRA, 1998, p. 97. Tal questão é abordada com maior profundidade no item 7.
[425] Ibidem, p. 97.

corrente, Teori Zavascki afirma que "trata-se de ineficácia originária que pode ser reconhecida, se for o caso, de ofício ou por provocação do credor, na execução ou em embargos".[426]

Também Nelson Nery Junior e Rosa Maria de Andrade Nery, por entenderem ser a ineficácia do negócio jurídico gerada a partir do reconhecimento da fraude à execução matéria de ordem pública, já que é vício de natureza exclusivamente processual, filiam-se à corrente que admite o reconhecimento da fraude de ofício ou mediante alegação do interessado.[427]

Tratando mais especificamente da fraude à execução fiscal, Carlos Henrique Abrão faz as seguintes considerações, para ao final entender possível que o juiz proceda de ofício para declarar a fraude à execução:

> Normalmente, parte da Fazenda Pública a necessária provocação para que, subministrando dados essenciais, possa o Juízo da execução verificar eventual existência do ato fraudulento, detrimentoso aos interesses do credor. Entretanto, nada impede que o Juízo proceda, uma vez assentes subsídios imprescindíveis, de ofício, na convergência do interesse público e na salvaguarda do crédito indisponível.[428]

Tal posicionamento encontra justificativa, no entender de Olavo de Oliveira Neto, em razão de que em alguns casos nos quais a fraude à execução está plenamente caracterizada e é facilmente constatada pelo juiz, não há necessidade da participação das partes para demonstrá-la. Nesta situação, portanto, defende Olavo Neto a possibilidade de decretação da fraude à execução de ofício. O fundamento para tal entendimento decorre de que, sendo a fraude à execução ato atentatório à dignidade da justiça, não seria concebível que o ilícito civil se perpetrasse porque a parte não requereu a decretação da fraude. Ademais, se é possível ao juiz reconhecer de ofício a prática dos atos atentatórios à dignidade da Justiça, aplicando multa ao infrator, nada impede que também de ofício possa decretar a fraude à execução.[429]

Ocorre que, via de regra, a declaração da fraude à execução traz como conseqüência a apreensão ou penhora de bem que se encontra em poder de terceiro. Este, no entanto, poderá apresentar defesa, por meio de embargos de terceiro, conforme se demonstrará adiante, e, no caso de procedência destes, o exeqüente (embargado) será condenado ao pagamento dos ônus sucumbenciais. Poderá, ainda, o

---

[426] A) ZAVASCKI, 2000, v. 8, p. 282. B) Também com esse entendimento: CAIS, 2005, p. 170.
[427] NERY JUNIOR; NERY, 2004, p. 1079.
[428] ABRÃO, 1997, p. 15.
[429] OLIVEIRA NETO, 2005, p. 344.

embargante, caso tenha sofrido alguma espécie de prejuízo em decorrência dos efeitos da declaração da fraude à execução, pleitear indenização a ser paga pelo embargado (exeqüente).

Diante disso, não parece razoável que o juiz, sem que haja requerimento expresso do exeqüente, declare a fraude à execução, tornando ineficaz a alienação ou oneração ocorrida, uma vez que eventuais ônus sucumbenciais ou mesmo o ressarcimento de danos decorrente daquele ato não serão pagos por ele, mas sim pelo exeqüente.

Além disso, pode ocorrer de o exeqüente não pretender a declaração de fraude à execução, por ter conhecimento de algum fato ou situação jurídica que neste sentido não o motive.

Ainda, conforme dispõe o art. 612 do CPC, "realiza-se a execução no interesse do credor", para a satisfação do seu crédito, tendo este, segundo o art. 569 do diploma processual, "a faculdade de desistir de toda a execução ou de apenas algumas medidas executivas", com relação a um, alguns ou a todos os executados. Isso implica dizer que "a fraude à execução somente poderá ser levantada pelo credor, porque caso não queira enfrentar uma demanda com o adquirente poderá desistir da execução e até mesmo abrir mão de perseguir e penhorar o bem negociado em fraude à execução".[430]

Tratando-se de execução para entrega de coisa certa, há previsão no *caput* do art. 627 do CPC[431] concedendo ao credor o direito de receber quantia em dinheiro equivalente ao valor da coisa e mais perdas e danos quando o objeto da execução específica tiver sido alienado e estiver na posse do terceiro que adquiriu. Ou seja, a execução específica poderá se transformar em execução genérica pela livre opção do credor em não reclamá-la do poder do terceiro adquirente,[432] pois o credor não está obrigado a agir em sentido contrário,[433] sendo plenamente justificável o não interesse do credor por eventual reconhecimento de fraude à execução, ainda que facilmente constatável sua ocorrência.

Verifica-se, portanto, que fica ao arbítrio do credor desistir do processo de execução ou de alguma medida, como a penhora de algum bem ou ao praceamento de outros.[434]

---

[430] SOUZA, 2004, p. 39.
[431] CPC. Art. 627. O credor tem direito a receber, além de perdas e danos, o valor da coisa, quando esta lhe for entregue, se deteriorou, não for encontrada ou não for reclamada do poder de terceiro adquirente.
[432] ASSIS, 2004a, p. 393.
[433] LIMA, 1974, p. 706.
[434] THEODORO JÚNIOR, 2004, p. 63.

Ademais, o conflito de interesses que surgir entre duas pessoas será decidido pelo juiz apenas nos limites em que elas o levarem ao processo. Trata-se de fórmula antiga definida pelo brocardo *ne eat judex ultra petita partium*, presente na primeira parte do art. 128 do CPC. E, conforme ensina Barbi, "do mesmo modo que não deve decidir mais do que o autor pediu, o juiz também não lhe pode conceder coisa diferente da que foi pedida, isto é, não pode decidir fora do pedido".[435]

Por fim, com a vigência da Lei 11.232, de 22 de dezembro de 2005, que alterou o CPC, a expedição do mandado de penhora e avaliação, caso o devedor, condenado ao pagamento de quantia certa, não a efetue no prazo legal, ficará condicionado ao requerimento do credor, conforme a redação do art. 475, "J", o que demonstra a intenção do legislador em evitar a atuação do juiz de ofício.[436]

Por tais motivos, mesmo na situação em que ocorre a alienação ou oneração de bens constritos, muito embora seja considerada como uma afronta a um concreto ato estatal já consumado,[437] não parece adequado admitir que o juiz a declare ineficaz perante a execução, sem requerimento da parte. Entretanto, uma vez requerido pelo credor a declaração de ineficácia do ato, o não reconhecimento deste efeito sobre o ato, "implicaria total renúncia do Estado-juiz à efetividade do poder que exerce e que por natureza deve ser inevitável".[438]

Assim, também Gelson Amaro de Souza, defendendo sempre a necessidade do procedimento comum ordinário para declaração da fraude, posiciona-se contrário à possibilidade de pronunciamento de ofício sobre a fraude à execução, ressaltando que "isso está bem claro na regra contida no art. 2º do CPC, pela qual nenhum juiz prestará a tutela jurisdicional senão quando a parte ou o interessado a requerer nos casos e formas legais".[439]

Outrossim, impõe-se, conforme ressalta Araken de Assis, "estabelecer o contraditório, se o deferimento da constrição não for urgente, a fim de impedir alienação ou oneração sucessiva, assinando

---

[435] BARBI, Celso Agrícola. *Comentários ao Código de Processo Civil*. Rio de Janeiro: Forense, 1975, v. 1, p. 524.

[436] Lei nº 11.232. Art. 475-J. Caso o devedor, condenado ao pagamento de quantia certa ou já fixada em liquidação, não o efetue no prazo de quinze dias, o montante da condenação será acrescido de multa no percentual de dez por cento e, a requerimento do credor e observado o disposto no art. 614, inciso II, desta Lei, expedir-se-á mandado de penhora e avaliação.

[437] DINAMARCO, 2004, v. 4, p. 398.

[438] Ibidem, p. 398.

[439] SOUZA, 2004, p. 39.

prazo para manifestação do executado".⁴⁴⁰ ⁴⁴¹ Todavia, não se deve olvidar a intensa preocupação com a celeridade e a adequação do processo, o que não é novidade, tanto que já dizia Calamandrei: "Uma vez iniciado o processo, o abuso clássico ou tradicional que uma ou outra parte tentará (e até inclusive ambas as partes, as duas em acordo), será o de 'enrolar'",⁴⁴² razão pela qual o juiz deve atentar com cautela. O adquirente, conforme afirma José Antônio de Castro, nunca é ouvido, haja vista que não se exige o conslium fraudis para caracterizar a fraude à execução.⁴⁴³

Assim, verificando o credor, a ocorrência de algum dos casos previstos no art. 593 do CPC poderá requerer ao juiz a declaração da existência de fraude contra a execução, sem o que, não caberá ao juiz declará-la.

A fraude à execução poderá ainda ser alegada em contestação aos embargos de terceiro (art. 1046 do CPC) opostos por responsável secundário (art. 592, V, do CPC). O reconhecimento da fraude à execução acarretará a improcedência dos embargos com a manutenção da penhora sobre o bem do terceiro.⁴⁴⁴

Da decisão dos embargos resultará a desconstituição ou não da penhora incidente sobre o bem que está no patrimônio do adquirente. Reconhecida a fraude à execução, os embargos serão rejeitados, sendo mantida a ineficácia do ato de alienação ou oneração. Acolhidos os embargos, o bem deixará de garantir a obrigação do devedor-executado,⁴⁴⁵ cabendo ao juiz determinar a expedição de mandado de manutenção ou de restituição em favor do embargante, se este não tiver sido expedido liminarmente.⁴⁴⁶

Também nos embargos de terceiro, a questão da possibilidade ou não do juiz declarar a fraude à execução de ofício gera reflexos.

---

⁴⁴⁰ A) ASSIS, 1999, v. 6, p. 243. B) Para Frederico Cais o juiz pode determinar a penhora do bem de terceiro sem se pronunciar, expressamente, sobre a ocorrência da fraude – reconhecimento implícito – reservando-se os processo de embargos de terceiro para resolver eventual litígio surgido por conta da constrição realizada. (CAIS, 2005, p. 170).

⁴⁴¹ Em sentido contrário, diz Liebman que na execução não há mais equilíbrio entre as partes, não há contraditório. Eventual controvérsia e o contraditório podem reaparecer durante a execução, mas isto somente se dará em um novo processo de cognição, de caráter incidente, em que é autor o executado, processo que não faz propriamente parte da execução, mas pode influir no seu curso. LIEBMAN, Enrico Tullio. *Estudos sobre o processo civil brasileiro*: com notas de Ada Pellegrini Grinover. São Paulo: Bushatsky, 1976, p. 44.

⁴⁴² CALAMANDREI. Piero. *Direito processual civil*. Campinas: Bookseller, 1999, v. 3, p. 233.

⁴⁴³ CASTRO, J., 1983, p. 137.

⁴⁴⁴ NERY JUNIOR; NERY, 2004, p. 1081, nº 8.

⁴⁴⁵ SALAMACHA, 2005, p. 189.

⁴⁴⁶ CAIS, 2005, p. 176.

Se a constrição do bem ocorreu por requerimento do credor mediante alegação de fraude à execução, não há dúvidas de que ele será responsável pelos ônus da sucumbência em caso de procedência dos embargos.[447]

Caso o juiz, após a declaração de fraude à execução de ofício, determine a penhora sobre determinado bem, e, uma vez opostos os embargos de terceiro contra o exeqüente-embargado, este venha a concordar com o pedido do embargante, não é justo que o embargado tenha que arcar com os ônus sucumbenciais. É certo que o exeqüente não deu causa ao processo, tendo o incidente decorrido de um ato que não lhe pode ser imputado. Trata-se de uma falha do judiciário e, por conseguinte, só o Poder Público poderia responder por suas conseqüências.

A reação da lei à fraude à execução é mais drástica e imediata que na fraude contra credores, ficando o juiz autorizado a declará-la independentemente de qualquer ação judicial específica para este fim, fazendo-o incidentalmente no próprio processo pendente.[448] Por serem ineficazes os atos alienatórios ou de oneração, não há necessidade de nenhum processo para declarar a ineficácia, bastando simples determinação judicial para que os bens sejam constritos, expropriados ou devolvidos.[449]

Presentes os pressupostos caracterizadores da fraude, o juiz, incidentalmente, no próprio processo executivo, declarará a existência de fraude,[450] através de decisão interlocutória (art. 162, § 2°), sendo, portanto, passível de impugnação, através de agravo. Eventual controvérsia se estabelecerá nos autos da execução.[451] Prescinde, portanto, de qualquer ação especial para que a fraude seja reconhecida e declarada pelo juiz. Não há necessidade de qualquer procedimento especial.[452] Tratando-se de um incidente processual, "o requerente não está obrigado a seguir os parâmetros contidos nos arts. 282 e 283, do CPC, que regem a petição inicial dos feitos que têm natureza de ação".[453] Deverá, contudo, o requerente, juntar toda a documentação comprobatória dos fatos narrados e da fraude perpetrada. Não estando plenamente convencido, o juiz determinará a intimação do

---

[447] Com exceção das hipóteses em que não tinha meios de saber que o bem pertencia a terceiro, como no caso de compromisso de compra e venda sem registro.
[448] THEODORO JÚNIOR, 2003, v. 3, t. 1, p. 317.
[449] SANTOS, E., 2003, v. 2, p. 91.
[450] Nesse sentido: ASSIS, 2004b, p. 243. WAMBIER; ALMEIDA; TALAMINI, 2002, v. 2, p. 120.
[451] ASSIS, 2004b, p. 243.
[452] SANTOS, U., 1986, p. 183.
[453] OLIVEIRA NETO, 2005, p. 344.

alienante para que se manifeste sobre conteúdo do pedido, para após decidir sobre a ocorrência ou não da fraude à execução.

A fraude de execução determina a ineficácia do ato de alienação ou oneração. Assim, conforme já referimos, "o juiz, diante da sumária demonstração, pelo credor, de ocorrência de disposição fraudulenta praticada pelo devedor, simplesmente ordena a expedição de mandado de apreensão ou penhora do bem desviado",[454] que, no entanto, não retorna ao patrimônio do devedor; apenas se sujeita aos atos da alienação forçada.[455]

É necessário atentar que a fraude comprova-se no próprio processo de execução, mas considera-se perpetrada antes deste, ou seja, "a sua verificação realiza-se na execução, mas tem caráter declaratório, posto que reconhece vício processual com eficácia *ex tunc*".[456]

Considerando que todo o processo pode chegar à fase de execução, ainda mesmo o de ações declaratórias, explica Mário de Aguiar Moura que a lei fala em "fraude de execução", em virtude de que é nesta fase que os atos de apreensão e expropriação de bens ocorrem, para que o direito declarado no título se transmute no fato do pagamento. Segundo Moura, "há uma prevenção legal em garantia da possível execução".[457]

Assim, muito embora a transferência patrimonial tenha ocorrido durante o desenrolar do processo de conhecimento, o reconhecimento da fraude à execução apenas se dá por ocasião do processo de execução do título judicial que venha a ser formado em decorrência daquele processo, não se antecipando a discussão para a fase de conhecimento, "já que a insolvência do devedor será debatida após o não cumprimento voluntário da obrigação disposta na sentença judicial proferida no processo de cognição ampla".[458]

A decisão que declara a fraude à execução tem o efeito de fazer com que o bem do devedor alienante continue a responder pela dívida, tornando ineficaz o ato fraudulento de alienação ou oneração

---

[454] THEODORO JUNIOR. 2005, v. 2, p. 132. Em sentido contrário, Gelson Amaro de Souza entende que, não havendo previsão legal indicando o procedimento para declaração da fraude à execução, é obrigatório "seguir o procedimento previsto no art. 271 do CPC, que determina a utilização do procedimento comum ordinário". Conforme Gelson Amaro, somente após o processo de conhecimento é que se poderá voltar contra o bem alienado ou gravado em fraude à execução, sob pena de ferir-se o art. 5º, LIV da CF. (SOUZA, 2004, p. 39.)

[455] MONTENEGRO FILHO, 2005, p. 382.

[456] FUX, 2004, p. 1296.

[457] MOURA, Mário Aguiar. *O processo de execução segundo o código de 1973*. Porto Alegre: PUC/EMMA, 1975, v.1, p. 183. v.1.

[458] MONTENEGRO FILHO, 2005, p. 377.

perante o credor. Essa ineficácia gerada é parcial e relativa, conforme ensina Frederico Cais:

> Parcial, porque o negócio jurídico produz seu efeito primário de transmitir o domínio do bem, ou seja, a transmissão é plenamente válida e eficaz, porém o negócio jurídico inquinado pela fraude não produz seu efeito secundário, consistente em excluir a responsabilidade do bem pelas obrigações de quem o aliena. Relativa, porque somente perante o credor é que o ato se considera ineficaz.[459]

Com efeito, "admitida a fraude, o ato jurídico, *latu sensu*, efetuado pelo executado se ostentará inoperante para a execução, tal como um véu, e os meios executórios atuarão sobre o bem ilicitamente subtraído à garantia patrimonial (art. 591)".[460] Entretanto, pertinente é a observação de José Eli Salamacha de que a ineficácia somente beneficia o credor que buscou a declaração da fraude à execução. O ato de alienação ou de oneração em fraude à execução "é ineficaz relativamente ao credor, permanecendo válido o negócio jurídico entre devedor alienante e terceiro adquirente, e, como conseqüência, não beneficia outros credores".[461] Assim, caso a dívida seja paga (pelo devedor ou pelo próprio adquirente), resultando na extinção da execução, ou se ocorrer a extinção do processo de execução por qualquer outro motivo, como, por exemplo, em razão de acordo judicial entre o credor e o devedor alienante, o negócio permanece válido e plenamente eficaz perante o alienante, adquirente e terceiros.

Com efeito, permanecendo válido o negócio entre o devedor e o adquirente, com a decretação da fraude à execução, não serão cancelados os registros imobiliários de transferência ou oneração, quando se tratar de bens imóveis. Da mesma forma, tratando-se de veículos, não serão cancelados os registros junto aos órgãos de trânsito. Em ambos os casos, determinará o juiz que se faça anotação nesses registros da declaração de ineficácia perante o credor, para fins de conhecimento de terceiros. O cancelamento dos registros ocorrerá após a venda judicial dos bens, permitindo, assim, o registro do bem em nome daquele que o adquiriu via processo de execução.[462]

Reconhecida a existência de fraude à execução, de imediato, não é possível a determinação do cancelamento de matrícula imobiliária com efeitos *erga omnes*, confundindo-se nulidade e eficácia da alienação. Por tais razões asseverou a 1ª Turma do Superior Tribunal de Justiça que "apropriado será a averbação da declaração de ineficácia em relação à fraude reconhecida, sem o efeito drástico do

---
[459] CAIS, 2005, p. 143.
[460] ASSIS, 2004b, p. 244.
[461] SALAMACHA, 2005, p. 151. Neste sentido: SANTOS, U., 1986, p. 184; ERPEN, 1992, p. 18.
[462] SALAMACHA, op. cit., p. 152.

cancelamento, abrindo-se via para o ato de constrição. A alienação permanece válida entre vendedor e adquirente e ineficaz em relação ao credor, resguardado com o poder de penhorar o bem alienado, vinculado à responsabilidade e garantia executória".[463]

Como conseqüência, uma vez que o efeito da declaração de fraude à execução é de ineficácia do ato apenas em relação ao exeqüente, que pode perseguir o bem e penhorá-lo no processo de execução como garantia da satisfação do seu crédito, permanecendo válido entre o devedor alienante, adquirente e terceiro, eventual saldo credor será destinado ao adquirente e não ao devedor alienante.[464]

É importante atentar para as conseqüências que a determinação pelo juiz de cancelamento do negócio realizado pode trazer. Suponha-se a situação apresentada por Décio Antônio Erpen,[465] em que o montante do crédito seja inferior ao valor do bem levado à hasta pública, e o adjudicante não tem condições ou interesse de complementar o preço, ficando somente com parte do patrimônio. Cria-se, nesta hipótese, uma situação de condomínio, estababelecidas as proporções de cada parte ideal frente ao todo. O credor passa a ser titular de "x" por cento, e o restante permanece com o titular que figura como proprietário. A carta de arrematação consignará a extensão participativa do direito do adquirente.

No exemplo, se cancelado o registro na matrícula, o condomínio se instaura entre o executado (alienante) que já não era mais proprietário e o adquirente judicial. Ou seja: o fraudador volta a ser proprietário de fração ideal, em detrimento a um adquirente que deveria ter comprometida sua aquisição somente no que se refere à parte executada, mas que culmina em ser punido com a perda total da propiedade.

Assim, com o cancelamento do registro do negócio jurídico realizado, "premia-se aquele que fraudou, o devedor faltoso que recebeu o preço, e que é contemplado novamente, sem qualquer causa, com parte da propriedade".[466]

Portanto, o cancelamento do registro somente deve ocorrer após a alienação judicial do bem, quando então o juiz que expede a carta de arrematação ou adjudicação determina o cancelamento de ato antagônico.

---

[463] BRASIL. Superior Tribunal de Justiça. REsp 119854. Relator: Min. Milton Luiz Pereira. DJ 23 ago. 1999, p. 77. LEXSTJ, v. 125, p. 187.
[464] SOUZA, 2004, p. 39.
[465] ERPEN, 1992, p. 18.
[466] Ibidem, p. 18.

A fraude será sempre apreciada em relação ao tempo da alienação, para atingir primeiramente as alienações mais próximas, de tal sorte que se o devedor, quando acionado, tinha bens superabundantes, mas aos poucos foi dispondo deles, a um ou mais adquirentes, de modo que veio a tornar-se insolvente, a execução deverá recair sobre os bens por último alienados.[467] Portanto, reconhecida a fraude à execução, penhora-se o último bem alienado ou onerado, fazendo-se dele a expropriação. Não sendo suficiente o produto do pagamento, passa-se a novas expropriações de bens anteriormente alienados ou gravados e assim sucessivamente.[468]

Assim, apesar de não haver disposição legal nesse sentido, o próprio sentido aconselha que as penhoras obedeçam a ordem gradativa, pelo menos até a avaliação e sempre na arrematação.[469]

---

[467] CASTRO, 1974, p. 68.
[468] SANTOS, E., 2003, v. 2, p. 92.
[469] Ibidem, v. 2, p. 92.

9. A posição do terceiro adquirente em face da execução

Conforme visto, a fraude à execução é declarada no próprio processo de execução movido pelo credor contra o devedor alienante, sem necessidade de ação própria, tornando ineficaz a alienação ou oneração realizada e fazendo incidir a penhora sobre o bem diretamente na ação executiva. É possível, ainda, a declaração da fraude à execução nos embargos de terceiro opostos pelo adquirente ou beneficiado com o ônus real, mediante alegação do exeqüente embargado.

Explica Evaristo Aragão Ferreira dos Santos que o bem sujeito à execução e sobre o qual recai a responsabilidade executiva jamais chegou a ser incorporado (eficazmente ou integralmente) ao patrimônio do terceiro adquirente e é desta forma que é visto pelo órgão jurisdicional, muito embora, na perspectiva do terceiro, a atuação jurisdicional esteja alcançando diretamente seu patrimônio.[470]

Observa-se que a lei processual não prevê, sequer, a intimação da penhora ao adquirente, mas tão-somente ao alienante, que é o devedor.

Entretanto, Leonardo Greco afirma que a partir do momento em que a atividade executória atinge patrimônio do adquirente, passa este a constituir litisconsorte passivo da execução, devendo ser intimado de todos os atos do processo, a partir da penhora, possibilitando-se sua atuação no próprio processo de execução em defesa de seus interesses, independente de ações próprias, como a de embargos de terceiro, como garantia do devido processo legal, do contraditório e da ampla defesa assegurados Constitucionalmente.[471]

---
[470] FERREIRA DOS SANTOS, 2004, p. 355.
[471] GRECO, Leonardo. *O processo de execução*. Rio de Janeiro: Renovar, 1999, p. 340.

É necessário observar que não há exigência legal para que os responsáveis relacionados nos incisos I a V do art. 592 do CPC sejam citados na execução, ainda que esta venha a recair sobre seus bens (art. 568 do CPC). Entretanto, uma vez realizada a penhora sobre um desses bens, a intimação daqueles é de rigor (CPC 669, *caput*).[472]

Ocorre que "o terceiro proprietário não é parte ou sujeito passivo da execução, daí, para defender seus bens e apresentar as alegações que entender cabíveis à sua exclusão da execução, terá os embargos de terceiro e não os embargos do devedor".[473]

Mesmo não sendo parte na execução, os bens do terceiro é que vão por ela responder. Assim, embora não lhe seja permitido embargar como devedor, pode ele ser assistente litisconsorcial (art. 593 c/c o art. 54). Os embargos que pode manejar são os de terceiro, nos quais, inclusive, se discute a respeito da fraude.[474]

Optando o adquirente em não opor os embargos de terceiro, ou, opostos os embargos e estes forem julgados improcedentes, terá o adquirente ação regressiva contra o alienante.

9.1. Adquirente da coisa litigiosa

O terceiro, em verdade, não é parte do processo, porque mesmo após a alienação do bem litigioso, a legitimidade *ad causam* continua retida na pessoa do alienante (art. 42) e o eventual ingresso do adquirente em juízo somente se dará como assistente, e não como substituto da parte que lhe transferiu o bem. (art. 42, § 2°).[475]

Explica Humberto Theodoro Júnior que "sem embargo de não ser parte, o terceiro adquirente, que irá suportar em seu patrimônio os efeitos da execução, tem irrecusável direito ao contraditório, antes de consumar-se a expropriação executiva em benefício do credor".[476] Daí por que, com fundamento no art. 626 do CPC,[477] "nos casos de alienação da coisa litigiosa, o mandado de execução não mais será endereçado à parte primitiva, mas se voltará contra aquele que se tornou o proprietário do bem".[478]

---

[472] NERY JUNIOR; NERY, 2004, p. 1079, n. 1.
[473] GRECO FILHO, 2003, p. 42. Nesse sentido: WAMBIER; ALMEIDA; TALAMINI, 2002, v. 2, p. 121.
[474] SANTOS, E., 2003, v. 2, p. 91.
[475] THEODORO JUNIOR, 2005, v. 2, p. 133.
[476] Ibidem, p. 133.
[477] CPC: Art. 626. Alienada a coisa já litigiosa, expedir-se-á mandado contra o terceiro adquirente, que somente será ouvido depois de depositá-la.
[478] THEODORO JUNIOR, op. cit., p. 133

A alienação de bem sobre o qual "pender ação fundada em direito real" está arrolada no inciso I do art. 593 do CPC como modalidade de fraude à execução, resultando, portanto, a ineficácia, perante a execução do negócio jurídico de transferência do domínio, permanecendo o bem sujeito à execução, nos termos do art. 592, V, do CPC. E o procedimento para tornar efetiva a sujeição é o previsto no art. 626 do diploma processual.[479]

Apesar da imperatividade do dispositivo ("expedir-se-á mandado"), entende Zavascki que "a providência somente ocorrerá se a requerer o credor, a quem assiste a faculdade de optar, nesses casos, pela transformação da execução específica em execução substitutiva do pagamento do equivalente em dinheiro (CPC, art. 627)",[480] complementando com a afirmativa de que esse direcionamento da atividade executiva contra o adquirente prevista no art. 626 do CPC restringe-se à persecução da prestação *in natura*, pois "verificada a perda ou a deterioração da coisa quando já em poder dele, a execução pelos danos, a que se refere o art. 627, há de voltar-se contra o primitivo executado".[481]

Na mesma linha, posiciona-se Araken de Assis:

> Em que pese o adquirente da coisa litigiosa se sujeitar a força da sentença (art. 42, § 3º), ao credor assiste a faculdade de não envolvê-lo, porque é inconveniente aos seus interesses. Consagra semelhante princípio o art. 627, que inclui, entre as causas de frustração do desapossamento, a falta de "reclamação" da coisa em poder de terceiro. Mas, as vantagens da execução específica podem induzir a opção contrária, regulada no art. 626. É inteiramente livre a opção do credor.[482]

Ao adquirente é permitido entregar a coisa nos termos do art. 624 do CPC,[483] e, por não assumir qualquer papel ativo nesta hipótese, não responderá pelas despesas e pelos honorários, porquanto não deu causa ao processo. Do contrário, optando por opor a aquisição da coisa ao credor, o adquirente reagirá através de embargos.[484]

---

[479] ZAVASCKI, 2000, v. 8, p. 440.

[480] A) Ibidem, p. 440. B) CPC: Art. 627. O credor tem direito a receber, além de perdas e danos, o valor da coisa, quando esta lhe for entregue, se deteriorou, não for encontrada ou não for reclamada do poder de terceiro adquirente. § 1º Não constando do título o valor da coisa, ou sendo impossível a sua avaliação, o exeqüente far-lhe-á a estimativa, sujeitando-se ao arbitramento judicial. § 2º Serão apurados em liquidação o valor da coisa e os prejuízos.

[481] Ibidem, p. 441.

[482] ASSIS, 2004a, p. 390.

[483] CPC: Art. 624. Se o executado entregar a coisa, lavrar-se-á o respectivo termo e dar-se-á por finda a execução, salvo se esta tiver de prosseguir para o pagamento de frutos ou ressarcimento de prejuízos.

[484] ASSIS, 2004a, p. 390.

As opiniões dividem-se com relação à situação do adquirente da coisa litigiosa em face do processo de execução e, por conseqüência, dividem-se, igualmente, as opiniões com relação à natureza dos embargos a serem pelo adquirente opostos. Observa Zavascki que "para uns, ele é terceiro, resultando daí que o meio adequado para opor-se à pretensão executiva é o dos embargos de terceiro. Para outros, é parte, devendo defender-se por embargos do devedor".[485]

Para Alcides Mendonça Lima, uma vez que, no caso de alienação da coisa litigiosa o mandado se expede contra o terceiro adquirente que somente será ouvido após depositá-la (art. 626 do CPC), o específico remédio para a defesa serão os embargos de terceiro.[486]

9.2. Adquirente de bem cuja transmissão provocou a insolvência do executado e o adquirente de bem constrito judicialmente

Contra o adquirente de bem cuja transmissão provocou ou agravou a insolvência do executado ou adquirente de bem constrito igual medida será cabível. "O mandado de constrição terá de ser expedido contra o atual proprietário, para que tenha oportunidade de exercer o contraditório e a ampla defesa, sem os quais não se cumpre a garantia do devido processo legal (CF, art. 5º, LIV e LV)".[487]

Duas possibilidades restam ao adquirente como forma de livrar o seu bem da situação:[488]

a) extinguir a execução, pelo pagamento em nome do devedor, procurando ressarcir-se do prejuízo junto àquele;

b) opor embargos de terceiro, nos termos do art. 1046 do CPC, cujos fundamentos da defesa podem ser, por exemplo, a não-configuração da fraude à execução pela anterioridade da alienação ou oneração com relação à ação onde foi argüida; a não-insolvabilidade do devedor; necessidade de que sejam atingidas, primeiramente, as alienações ou onerações ocorridas mais recentemente, a prescrição do direito exigido na execução; ou ainda, que, não tinha conhecimento e nem modo de saber da demanda pendente ou de que sobre o bem existia constrição judicial, tendo tomado todas as cautelas exigíveis, devendo operar-se a seu favor a presunção relativa.

---
[485] ZAVASCKI, 2000, v. 8, p. 441.
[486] LIMA, 1974, v. 1, t. 2, p. 493. v. VI, t. II, p. 633.
[487] THEODORO JUNIOR, 2005, v. 2, p. 133.
[488] OLIVEIRA, 1998, p. 4.

9.3. O Adquirente e a questão da Impenhorabilidade do Bem de Família

Ressalta-se que ao adquirente de residência em fraude à execução não será possível alegar a proteção prevista no art. 1º da Lei 8.009/90, como forma de manter-se na propriedade do bem. A 3ª Turma do Superior Tribunal de Justiça já asseverou que importando o reconhecimento da fraude à execução em ineficácia da alienação relativamente à execução, não pode o adquirente invocar os benefícios daquela lei.[489]

Por fim, uma vez subtraído o bem de terceiro, esse terá ação regressiva contra o transmitente para reaver o que pagou e, possivelmente, cumulada com a de perdas e danos eventualmente verificada.[490]

9.4. O subadquirente

Em sendo o bem adquirido do devedor insolvente objeto de nova alienação, esta será ineficaz em relação ao credor, pois a fraude à execução contamina as posteriores alienações, independentemente de registro da penhora que sobre o mesmo bem foi efetivada,[491] ressalvando-se aos adquirentes "ação de perdas e danos".[492]

Contudo, ressalta Zavascki, que "em prestígio ao princípio da boa-fé, há de se resguardar a situação dos terceiros que não tinham nem meios e nem razão para suspeitar da origem irregular do bem adquirido. A sujeição de tais bens ao processo executivo supõe, aqui sim, demonstração, a cargo do credor, do *consilium fraudis* nas sucessivas operações".[493]

Assim, em se tratando de bem imóvel, é lícito que se presuma a boa-fé de quem o adquire de proprietário solvente, se nenhum ônus ou constrição judicial estiver anotado no registro imobiliário,

---

[489] BRASIL. Superior Tribunal de Justiça. REsp 65536/SP. Relator: Min. Eduardo Ribeiro. *DJ* 25 set. 1995 p. 31106, RSTJ, v. 00077, 00194, RT, v. 727, p. 134.

[490] LIMA, 1974, p. 493.

[491] BRASIL. Superior Tribunal de Justiça. REsp 34.189. Relator: Min. Dias Trindade. maioria. *RSTJ* 58/353.

[492] BRASIL. Superior Tribunal de Justiça. REsp 27.555. Relator: Min. Dias Trindade. *DJ* 16 nov. 1992, p. 21.141.

[493] ZAVASCKI, 2000, v. 8, p. 286.

presunção que se estende aos posteriores adquirentes.[494] Trata-se de presunção *juris tantum*, cabendo ao credor o ônus de desfazê-la. Sobre a questão, ensina Humberto Theodoro Junior:

> como, todavia, na hipótese de bem imóvel, a lei acrescenta mais um elemento no procedimento do gravame judicial, que é a inscrição no registro público, a eficácia perante terceiros, aí vai depender dessa medida. Não quer isto dizer, porém, que a penhora de imóvel não registrada seja ato processual despido de qualquer efeito. Para as partes a penhora existe e obriga desde que reduzida a auto ou termo no processo, qualquer que seja a natureza do bem constrito (art. 664, *caput*). Apenas para os reflexos sobre quem não integra a relação processual é que importa a observância da cautela do registro de penhora.[495]

Havendo registro, porém, a publicidade da constrição judicial tem efeito *erga omnes*, sendo que, a partir dele, serão ineficazes, perante a execução, todas as posteriores onerações ou alienações do imóvel, inclusive sucessivas.

Com efeito, se o devedor for solvente, a alienação de seus bens é válida e eficaz, a não ser (a) que se trate de bem já penhorado ou, por qualquer outra forma, submetido à constrição judicial, e (b) que o terceiro adquirente tenha ciência – pelo registro ou por outro meio – da existência daquela constrição.

De outra banda, se o devedor for insolvente, a alienação será ineficaz em face da execução, independentemente de constrição judicial do bem ou da cientificação formal da litispendência e da insolvência ao terceiro adquirente.

---

[494] BRASIL. Superior Tribunal de Justiça. REsp 43.738. Relator: Min. Américo Luz. DJ 14 ago. 1995, p. 24.102.
[495] THEODORO JUNIOR, 2005, v. 2, p. 131.

10. Demais efeitos da declaração da fraude à execução

10.1. Fraude à execução como ato atentatório à dignidade da justiça

Na fraude à execução, conforme já afirmado, é atingida a própria atividade jurisdicional. Nas palavras de Jônatas Milhomens e Geraldo Alves, "obsta-se o exercício, pelo Estado, do poder de intervir no patrimônio do devedor, para a realização prática do direito do credor".[496]

A fraude à execução, portanto, "atenta contra a ordem pública, escamoteia a ação da Justiça e fere a autoridade do Poder Judiciário".[497]

Em razão disso, o ato do devedor que frauda a execução foi incluído, pelo legislador, no inciso I do art. 600 do CPC, como um dos atos considerados atentatórios à dignidade da justiça.

O CPC enumera, de forma taxativa, e exclusivamente, no art. 600, atos considerados atentatórios à dignidade da justiça, fazendo, todavia, uso de conceitos abertos, indeterminados de conteúdo e extensão incertos, permitindo ao juiz seu preenchimento caso a caso, mediante atos de valoração.[498]

É importante não confundir a "fraude à execução" do art. 600, I, com a alienação de bens em fraude à execução referida nos arts. 592, V, e 593. Pode-se dizer que fraudam a execução não apenas os atos de alienação ou oneração previstos no art. 593, mas também

---

[496] MILHOMENS, Jônatas; ALVES, Geraldo Magela. *Manual das execuções*. Rio de Janeiro: Forense, 1999, p. 137.
[497] NASCIMENTO, 1974, p. 121.
[498] ZAVASCKI, 2000, v. 8, p. 309.

"outro qualquer expediente capaz de frustrar a execução, como, por exemplo, a ocultação de bens móveis sem aliená-los".[499] Isto porque o verbo fraudar está empregado no art. 600, I, "como sinônimo de frustrar, baldar, inutilizar, malograr, tornar sem efeito".[500]

O legislador do CPC, procurando combater a prática da fraude à execução delineou os caso de sua configuração em dispositivos específicos (arts. 592, V, e 593, I, II e III). Não obstante, conforme afirma José Sebastião de Oliveira, "também procurou colocar o demandado fraudador em situação secundária e ridícula dentro do processo, onde venha a atentar contra a dignidade da justiça".[501]

A fraude, no caso, deve ser tomada no sentido mais amplo, "mas será ela considerada ilícito processual apenas quando possa ter eficácia prática, como alienação de bens que, facilmente, são conduzidos e desaparecidos.[502]

Assim, outro efeito da decretação de fraude de execução é que o ato do devedor-alienante é considerado como atentatório à dignidade da justiça (CPC, art. 600, II), sujeitando-o às penas do art. 601 do CPC, o qual prevê expressamente a possibilidade de aplicação de multa ao devedor pelo juiz, em montante não superior a 20% (vinte por cento) do valor atualizado do débito.[503] Tal sanção independe de provocação da parte, pois, tratando-se de medida que visa a salvaguardar sua própria função, pode o juiz aplicá-la de ofício, devendo fazê-lo em decisão fundamentada.[504]

Da leitura do disposto no art. 601 do CPC, infere-se que a aplicação da multa decorre da prática dos atos elencados no artigo anterior, não estando condicionada a pré-aplicação da advertência do art. 599 do Código.[505] Diverso, contudo, é o entendimento de Ronaldo Brêtas Dias para quem a imposição da multa está condicionada a anterior advertência do juiz a ser formalizada ao devedor nos autos, pela prática dos atos enumerados no art. 600.[506]

---

[499] CASTRO, 2000, p. 83.
[500] Ibidem, p. 83.
[501] OLIVEIRA, 1998, p. 87.
[502] SANTOS, E., 2003, v. 2, p. 301.
[503] CPC: "Art. 600. Considera-se atentatório à dignidade da justiça o ato do devedor que: I – frauda a execução; II – se opõe maliciosamente à execução, empregando ardis e meios artificiosos; III – resiste injustificadamente às ordens judiciais; IV – não indica ao juiz onde se encontram os bens sujeitos à execução".
[504] FORNACIARI JÚNIOR, Clito. *A reforma processual civil*: artigo por artigo. São Paulo: Saraiva, 1996, p. 161.
[505] CASTRO, 2000, p. 83.
[506] DIAS, R., 2000, p. 139.

Não se pode olvidar que a imposição da referida multa exige ato decisório devidamente fundamentado sob pena de violação da norma constitucional (art. 93, IX, da CF), sendo atacável por agravo, tanto para discutir a sanção em si, como seu valor, ficando a execução condicionada à preclusão do decidido.[507]

A referida multa será revertida em proveito do credor e é exigível na própria execução, podendo o juiz, conforme parágrafo único do art. 601, "relevar a pena se o devedor se comprometer a não mais praticar atos definidos no art. antecedente e der fiador idôneo, que responda ao credor pela dívida principal, juros, despesas e honorários advocatícios".[508]

Embora possa parecer desnecessária a imposição da multa prevista no art. 601 para os casos de fraude à execução de que trata o art. 593, haja vista que os atos dessa natureza já são considerados ineficazes em face do credor, Zavascki atribui a relevância da norma em razão de que a simples cominação de ineficácia estabelecida no plano jurídico-formal, nem sempre corresponde a uma efetiva viabilidade material de submeter o bem aos efeitos do processo executivo como ocorre na alienação fraudulenta de bens móveis repassados a adquirentes incertos, haja vista que estes bens dificilmente serão reconduzidos à origem.[509] Nestes casos, a aplicação da multa mostra-se como uma medida objetiva para educar o devedor, dissuadindo-o a prática de atos que venham a tornar sem efeito a execução, além de ser uma eficiente maneira de restaurar, em certa medida, a autoridade e a dignidade da função jurisdicional.

10.2. Fraude à execução no Código Penal

A fraude à execução não prejudica apenas a parte contra a qual a manifestação foi externada, mas sobretudo o Estado, que não consegue desincumbir-se do dever de prestar a função jurisdicional em face da impossibilidade de realizar a penhora em razão da inexistência de bens passíveis de constrição pertencentes ao patrimônio

---

[507] FORNACIARI JÚNIOR, op. cit., p. 573.
[508] CPC: "Art. 601. Nos casos previstos no artigo anterior, o devedor incidirá em multa fixada pelo juiz, em montante não superior a 20% (vinte por cento) do valor atualizado do débito em execução, sem prejuízo de outras sanções de natureza processual ou material, multa essa que reverterá em proveito do credor, exigível na própria execução. Parágrafo único. O juiz relevará a pena, se o devedor se comprometer a não mais praticar qualquer dos atos definidos no artigo antecedente e der fiador idôneo, que responda ao credor pela dívida principal, juros, despesas e honorários advocatícios".
[509] ZAVASCKI, 2000, v. 8, p. 309.

do devedor, ou seja, a fraude à execução malfere o interesse público porque cria óbices à normal realização da função jurisdicional.[510]

Em razão disso, o ato que frauda à execução é conduta tipificada como crime capitulado no art. 179 do Código Penal, inserido no título "Dos crimes contra o patrimônio". Trata-se de uma conseqüência extraprocessual da fraude à execução.

Conforme dispõe o art. 179 do Código Penal, comete o delito aquele que fraudar execução, alienando desviando, destruindo ou danificando bens, ou simulando dívidas. A pena prevista para o autor do delito é de seis meses a dois anos de detenção ou multa.

Infere-se, daí, que tanto a fraude à execução do processo civil como a fraude à execução do direito penal têm como objetivo jurídico a proteção dos direitos do credor, muito embora cada uma tenha as suas características próprias.

Uma vez argüida a fraude à execução, entende Montenegro Filho ser dever do magistrado que preside o feito determinar a extração de peças ao representante do Ministério Público, por força no disposto no art. 40 do CPP, quando houver indícios do cometimento do crime.[511]

Embora tipificada a fraude à execução como crime, em nenhum ponto o art. 179 do Código Penal define e esclarece o que vem a ser "fraude de execução". A norma é incompleta. Contém a sanção, mas não descreve os elementos do tipo que somente são encontrados na norma processual civil. Trata-se, portanto, de norma penal em branco. Disso resulta a necessidade de valer-se da legislação extrapenal para chegar-se ao elemento do tipo penal. Neste sentido, observa Magalhães Noronha que "a extensão da fraude à execução deve ser dada pelo Direito Processual Civil, pois seria indefensável punir-se como fraude à execução o que este não considera como tal".[512]

Na legislação, é possível localizar esse delito tanto no rol de crimes contra a propriedade e o patrimônio quanto no rol dos crimes contra a administração da justiça.[513]

Na doutrina e na jurisprudência penal, há divergência quanto à possibilidade de configuração do crime desde que exista processo de conhecimento instaurado e o réu já tenha sido citado, dispensando, assim, a necessidade de que os atos de alienação, destruição,

---

[510] SANTOS, U., 1986, p. 184.
[511] MONTENEGRO FILHO, 2005, v. 2, p. 374.
[512] MAGALHÃES NORONHA, E. *Direito penal*. 8. ed. São Paulo: Saraiva, 1973, v. 2, p. 471.
[513] PRADO. Luiz Regis. *Curso de direito penal brasileiro*. 2. ed. São Paulo: Revista dos Tribunais, 2002, v. 2, p. 609.

danificação dos bens ou simulação de dívidas ocorram na pendência de um processo de execução, assim como tem sido aceito no processo civil. Para Guilherme de Souza Nucci, a corrente que entende configurado o crime nesta hipótese "não é a mais acertada, pois o tipo penal é bem claro: é preciso haver execução, o que não acontece no caso de processo cognitivo".[514]

Ainda, ao contrário do que ocorre para caracterização da fraude à execução no processo civil onde não se indaga a respeito do elemento subjetivo (intenção), para a configuração do crime, faz-se necessário a existência do dolo, consistente na vontade de alienar, desviar, destruir ou danificar bens, ou simular dívidas, exigindo-se, ainda que as condutas tenham sido realizadas a fim de fraudar a execução e que o sujeito ativo conheça a existência da lide.[515]

Por fim, não haverá o delito se o comportamento não afetar o patrimônio do devedor.[516] Conforme Nucci no núcleo do tipo penal "está presente, sempre, a fraude, de modo que o credor, ao alienar parte de seus bens, por exemplo, durante um processo de execução, restando quantidade suficiente para satisfazer o débito, não comete o delito".[517]

A ação penal é privada, procedendo-se mediante queixa-crime (CP art. 179, parágrafo único), no prazo de seis meses (prazo decadencial), contado da data do conhecimento do fato, conforme art. 38 do Código de Processo Penal e art. 105 do Código Penal.

Quando, entretanto, o crime é cometido em detrimento da União, Estado ou Município, a ação penal é pública incondicionada, nos termos do art. 24, § 2°, do Código de Processo Penal.

---

[514] NUCCI, Guilherme de Souza. *Código penal comentado*. São Paulo: Revista dos Tribunais, 2000, p. 522.
[515] JESUS, Damásio E. de. *Código penal anotado*. 5. ed. São Paulo: Saraiva, 1995, p. 584.
[516] DELMANTO, Celso. *Código penal comentado*. São Paulo: Renovar, 1986, p. 323.
[517] NUCCI, 2000, p. 522.

11. Conclusões

1. Como conseqüência do princípio da responsabilidade patrimonial, tem-se que o patrimônio do devedor, e não a sua pessoa, é a garantia dos seus credores. Por essa razão, a disponibilidade dos bens por parte do devedor só é considerada lícita enquanto não lese seus credores.

2. Segundo o princípio da responsabilidade patrimonial, aquele que se obriga passa a responder com seu patrimônio, enquanto pela responsabilidade processual, os bens que compõem o seu patrimônio ficam sujeitos à execução forçada, para dele extrair-se o bem devido ou o valor a que tem direito o credor.

3. É por meio do processo de execução, portanto, que se alcança o resultado prático da prestação jurisdicional, quando o mesmo não for obtido por ato espontâneo do devedor.

4. Quando inexistem bens penhoráveis no patrimônio do devedor, o processo sofre uma das mais graves crises, haja vista a impossibilidade de se alcançar a efetividade que no processo se busca.

5. Para aquelas situações em que o devedor dispõe de seus bens de maneira a impedir a satisfação do crédito do credor, como forma de combater a crise no processo pela inexistência de bens penhoráveis, o ordenamento brasileiro dispõe de dois institutos: o da fraude contra credores e o da fraude à execução.

6. A fraude à execução, também denominada corretamente pelo legislador como fraude de execução e, ainda, pela doutrina, como fraude contra a execução ou fraude na execução, é um instituto peculiar ao Direito Brasileiro e não encontra similar no Direito Comparado.

7. A origem do instituto da fraude à execução remonta às Ordenações Filipinas, tendo sua construção se estabelecido na vigência do Regulamento 737, sendo mantida no ordenamento processual até receber tratamento nos arts. 592, V, e 593 do CPC vigente.

8. No Direito Comparado, embora não exista figura semelhante ao instituto da fraude à execução, é possível afirmar que tal ausência é suprida por outros meios, peculiares a cada país, capazes de dar proteção aos credores, evitando fraudes por parte do devedor.

9. O instituto da fraude à execução constitui-se em ato ou conjunto de atos de alienação ou oneração de bens, praticados pelo devedor após ciente da existência de demanda judicial contra ele movida, que tenha como conseqüência a frustração da execução e prejuízo ao credor.

10. A fraude à execução apresenta requisitos e características que a distinguem da fraude contra credores, ainda assim costuma ser apontada pela doutrina como sendo uma "especialização" da fraude pauliana.

11. Diferencia-se a fraude à execução da fraude contra credores principalmente por cinco aspectos:

a) Quanto à natureza dos institutos: a fraude à execução é instituto de direito processual civil, enquanto a fraude contra credores é instituto de direito material.

b) Quanto ao momento em que o ato é praticado: a fraude de execução supõe pendência de ação; requisito ausente na fraude contra credores.

c) Quanto ao elemento subjetivo do ato impugnado: na fraude à execução, a intenção fraudulenta (*consilium fraudis*) dispensa prova, pois está *in re ipsa*, presumindo-se configurada (presunção iuris es de iure) pela simples realização do ato tipificado na lei como fraudulento. Na fraude contra credores, compete ao autor da ação pauliana alegar e provar esse elemento subjetivo do ato.

Entretanto, como forma de resguardar, ainda que minimamente, a boa-fé do terceiro adquirente, acolhe-se o entendimento segundo o qual a presunção relativa tanto pode vir em benefício do credor quanto do adquirente, dependendo das cautelas tomadas por um ou outro.

d) Quanto às formas de impugnação do ato: a fraude de execução é declarada incidentemente no processo e execução ou em embargos de terceiro; a fraude contra credores exige ação própria, a chamada "Ação Pauliana".

e) Quanto à natureza e aos efeitos do juízo de ineficácia do ato: a fraude de execução determina a ineficácia do ato de alienação ou oneração; a fraude contra credores é causa de anulação para uma parte da dourina e de ineficácia para outra. A ineficácia do ato em fraude à execução é relativa, porque somente frente ao credor judicial preterido é que não produzirá efeitos, e dentro do limite de seu crédito. Quanto ao mais, o negócio é válido e persiste perante a universalidade.

12. As modalidades de fraude à execução têm como pressupostos gerais a alienação ou oneração de bens e a litispendência.

13. O pressuposto da litispendência estará configurado a partir da citação válida do demandado, não importando a virtual natureza da demanda ou da lide, desde que apresente alguma carga de eficácia condenatória.

14. O protesto cambiário ou judicial, da mesma forma que a instalação do juízo arbitral, não se presta para caracterizar a litispendência exigida para a configuração da fraude à execução.

15. A configuração da fraude à execução na hipótese prevista no art. 593, I, tem como pressuposto a litigiosidade do bem decorrente de ação fundada em direito real.

16. Para a doutrina tradicional, a falta de inscrição da citação no registro competente não impede a alegação de fraude contra a execução e, sim, somente tem a significação de ficar o exeqüente no ônus de provar que o adquirente tinha conhecimento ou de que sobre os bens estava sendo movido litígio fundado em direito real ou de que pendia contra o alienante demanda capaz de reduzi-lo à insolvência.

17. Melhor solução, no entanto, defende que, não registrada a citação, ocorre presunção relativa em benefício do credor quando a demanda tramitar na mesma comarca em que se localizar o bem imóvel objeto do litígio ou no domicílio do alienante. A presunção relativa será em benefício do adquirente quando a demanda tramitar em comarca diversa daquela onde está localizado o imóvel objeto do litígio ou daquela onde está domiciliado o alienante.

18. Para a configuração da fraude à execução, prevista na hipótese do inciso II do art. 593 do CPC, é necessário que a alienação ou oneração do bem resulte em insolvência do devedor, sendo suficiente para tanto a prova de fato.

19. Também a fraude à execução fiscal exigia para sua configuração a litispendência caracterizada pela citação do devedor. Entretanto, após a recente alteração do art. 185 do CTN pela Lei Complementar 118 de 09.02.2005, inscrito o débito tributário pela Fazenda Pública no livro de registro da dívida ativa, fica estabelecido o marco temporal, após o que qualquer alienação de bens ou rendas, ou seu começo, pelo sujeito devedor, será presumida como fraudulenta, passando a se constituir em uma modalidade *sui generis*

de fraude, se assemelhando, em alguns aspectos, à fraude à execução e, em outros, à fraude contra credores.

20. A alienação do bem constrito (arrestado, seqüestrado ou penhorado), embora válida e apta a produzir seu efeito programado, retirando o bem do patrimônio do executado e transferindo-o para o patrimônio do adquirente, é inoponível ao exeqüente, sendo incapaz de produzir o efeito secundário (ineficácia relativa) de excluir o bem alienado da responsabilidade patrimonial, independentemente da situação econômica do devedor.

21. Registrada a penhora no cartório imobiliário (ou no Detran, em se tratando de veículo) e ocorrendo por parte do devedor a alienação ou oneração do bem, será esta ineficaz em relação ao exeqüente, operando-se a presunção absoluta de fraude e, assim, não poderá o adquirente alegar a existência de boa-fé no negócio realizado. Não havendo registro haverá presunção relativa em benefício do credor se a demanda tramitar na mesma comarca em que se localizar o bem alienado ou onerado a terceiro ou na mesma comarca em que se localizar o imóvel penhorado ou, ainda, no domicílio do alienante, sendo possível ao adquirente provar, em embargos de terceiro, que não tinha como ter ciência da demanda pendente ou da penhora não registrada.

Opera-se a presunção relativa em favor do adquirente quando a demanda não ocorrer na mesma comarca em que se localizar o bem alienado ou onerado a terceiro ou na mesma comarca em que se localizar o imóvel constrito ou, ainda, no domicílio do alienante. Tal presunção em favor do adquirente, pode ser elidida pelo credor desde que provado que, em face das circunstâncias do caso, o adquirente tinha como saber da demanda pendente ou da insolvência do devedor alienante.

22. Não se aplica a Lei 8.009/90 quando o devedor adquire imóvel mais valioso para transferir a residência familiar ou quando o executado, depois de se desfazer de seu patrimônio, transfere residência para o imóvel penhorado.

23. A declaração de fraude à execução prescinde de qualquer ação ou procedimento especial. Exige, contudo, a provocação da parte, não sendo admissível sua declaração de ofício pelo juiz.

24. No processo de execução é necessário que o juiz estabeleça o contraditório, caso o deferimento da constição não seja urgente, ouvindo-se o executado.

25. O adquirente não é parte no processo de execução, portanto, não é ouvido. Pode, no entanto, manejar embargos de terceiro

contra a apreensão dos bens que se encontravam na esfera do seu patrimônio.

26. Na execução, a fraude é declarada por decisão interlocutória, sendo passível de impugnação por meio de agravo.

27. A fraude à execução pode, ainda, ser alegada em contestação aos embargos de terceiro. O reconhecimento da fraude acarreta a improcedência dos embargos com a manutenção da penhora sobre o bem do terceiro.

28. A fraude à execução é comprovada no próprio processo de execução ou nos embargos de terceiro, contudo, poderá ter ocorrido em processo de qualquer natureza do qual a execução tenha se originado.

29. A fraude à execução determina a ineficácia do ato de alienação ou oneração. Assim, verificada a ocorrência da fraude, o juiz ordena a expedição de mandado de apreensão ou penhora do bem, que não retorna ao patrimônio do executado, apenas se sujeitando aos atos da alienação forçada.

30. Com a decretação da fraude à execução, não serão cancelados os registros imobiliários de transferência ou oneração quando se tratar de bens imóveis. Da mesma forma, tratando-se de veículos, não serão cancelados os registros junto aos órgãos de trânsito. Em ambos os casos, o juiz determinará que se faça anotação nesses registros da declaração de ineficácia perante o credor, para fins de conhecimento de terceiros. O cancelamento dos registros ocorrerá após a venda judicial dos bens, permitindo, assim, o registro do bem em nome daquele que o adquiriu via processo de execução.

31. Após a alienação judicial do bem penhorado, eventual saldo credor será destinado ao adquirente e não ao devedor alienante.

32. A fraude será sempre apreciada em relação ao tempo da alienação, para atingir primeiramente as alienações mais próximas, de tal sorte que se o devedor, quando acionado, tinha bens superabundantes, mas aos poucos foi dispondo deles, a um ou mais adquirentes, de modo que veio a tornar-se insolvente, a execução deverá recair sobre os bens por último alienados.

33. Optando o adquirente em não opor os embargos de terceiro ou opostos os embargos e julgados improcedentes, o adquirente terá ação regressiva contra o alienante.

34. Outro efeito da decretação de fraude de execução é que o ato do devedor-alienante é considerado como atentatório à dignidade da justiça (CPC art. 600, II), sujeitando-o às penas do art. 601 do CPC, o qual prevê expressamente a possibilidade de aplicação de

multa ao devedor pelo juiz, em montante não superior a 20% (vinte por cento) do valor atualizado do débito. Tal sanção independe de provocação da parte, devendo ser aplicada pelo juiz em decisão fundamentada.

35. O ato que frauda a execução pode ser considerado como a conduta tipificada como crime capitulado no art. 179 do Código Penal, inserido no título "Dos crimes contra o patrimônio". Para tanto, faz-se necessário a existência do dolo, consistente na vontade de alienar, desviar, destruir ou danificar bens ou simular dívidas, exigindo-se, ainda, que as condutas tenham sido realizadas a fim de fraudar a execução e que o sujeito ativo conheça a existência da lide. Não haverá o delito se o comportamento não afetar o patrimônio do devedor.

36. A ação penal é privada, procedendo-se mediante queixa-crime (CP art. 179, parágrafo único), no prazo de seis meses (prazo decadencial), contado da data do conhecimento do fato, conforme art. 38 do Código de Processo Penal e art. 105 do Código Penal.

37. Quando, entretanto, o crime é cometido em detrimento da União, Estado ou Município, a ação penal é pública incondicionada, nos termos do art. 24, § 2°, do Código de Processo Penal.

38. Verifica-se, pois, a existência de uma escalada de situações quanto ao nível de gravidade, entre as diversas modalidades de fraude à execução. Da fraude contra credores, a menos grave (na qual se exige a insolvência do devedor e o *consilum fraudis*), passando pela fraude à execução (em que apenas exige-se a insolvência do devedor), até a fraude pela alienação de bem constrito judicialmente (em que nem mesmo a insolvência do devedor é requisito para a configuração da fraude).

39. A fraude à execução mostra-se como um eficiente instrumento na busca da efetividade do processo e proteção ao direito de crédito, merecendo, contudo, um aprimoramento por parte do legislador no tocante ao seu procedimento, evitando, assim, que tais definições fiquem a cargo da doutrina e jurisprudência. Com isto, espera-se por fim a divergência de entendimentos, ainda hoje, observados nas decisões judiciais.

Referências bibliográficas

ABRÃO, Carlos Henrique. Fraude à execução fiscal. *Revista Dialética de Direito Tributário*, São Paulo, nº 27, p. 14-19, 1997.

ALIENAR. In: SILVA, De Plácido e. *Vocabulário jurídico*. Rio de Janeiro, 2000.

AMARO, Luciano. *Direito tributário brasileiro*. 10. ed. São Paulo: Saraiva, 2004.

ANSELMO DE CASTRO, Artur. *Acção executiva singular por quantia certa*. 3. ed. Coimbra: Coimbra, 1977.

ARAGÃO, Egas Dirceu Moniz de. *Comentários ao Código de Processo Civil*. 9. ed. Rio de Janeiro: Forense, 1998. v. 2: arts. 154 a 269.

ASSIS, Araken de. *Comentários ao Código de Processo Civil*. Rio de Janeiro: Forense, 1999. v. 6: arts. 566 a 645.

——. ——. Rio de Janeiro: Forense, 2004a. v. 6.

——. Fraude à execução e legitimidade do terceiro hipotecante. *Revista da Faculdade de Direito da Pontifícia Universidade Católica do Rio Grande do Sul*, Porto Alegre, v. 13-14, nº 15, p. 17-35, 1991-92.

——. *Manual do processo de execução*. 9. ed. São Paulo: Revista dos Tribunais, 2004b.

——. Reforma do processo executivo. In: GIORGIS, José Carlos Teixeira (Org.) *Inovações do Código de Processo Civil*. Porto Alegre: Livraria do Advogado, 1997, p. 143-166.

——. Responsabilidade patrimonial. In *Execução civil*: aspectos polêmicos. São Paulo: Dialética, 2005.

ASSIS, Carlos Augusto de. Fraude à execução e boa-fé do adquirente. *Revista de Processo*, São Paulo, v. 27, nº 105, p. 221-239, jan./mar. 2002.

AZEVEDO, Antônio Junqueira. *Negócio jurídico*: existência, validade e eficácia. 4.ed. São Paulo: Saraiva, 2002.

BALEEIRO, Aliomar. *Direito tributário brasileiro*. 11. ed. Rio de Janeiro: Forense, 1999.

BARBI, Celso Agrícola. *Comentários ao Código de Processo Civil*. Rio de Janeiro: Forense, 1975. v. 1.

BARBOSA MOREIRA, José Carlos. *O novo processo civil brasileiro*. Rio de Janeiro: Forense, 2001.

——. Por um processo socialmente efetivo. *Revista Síntese de Direito Civil e Processual Civil*, Porto Alegre, v. 2, nº 11, p. 5-14, maio/jun. 2001.

BARCELOS. Pedro dos Santos. Fraude de execução. *Revista dos Tribunais*, São Paulo, v. 79, nº 658, p. 43-51, ago. 1990.

BOTTESINI, Maury Ângelo *et al*. *Lei de execução fiscal comentada e anotada*. 3. ed. São Paulo: Revista dos Tribunais, 2000.

BROX, Hans; WALKER, Wolf-D. *Zwangsvollstreckungsrecht*. 7. ed. Berlim: Heymann, 2003.

BÚRIGO, Vandré Augusto. A garantia do crédito tributário: a presunção de fraude à execução. *Revista Dialética de Direito Tributário*, São Paulo, n° 92, p. 74-83, 2003.

CACHÓN CADENAS, Manuel. *El embargo*. Barcelona: Bosch, 1991.

CAHALI, Yussef Said. *Fraude contra credores*. 2. ed. São Paulo: Revista dos Tribunais, 1999.

CAIS, Frederico F. S. *Fraude de execução*. São Paulo: Saraiva, 2005.

CALAMANDREI. Piero. *Direito processual civil*. Campinas: Bookseller, 1999. v. 3.

CÂMARA. Alexandre Freitas. *Lições de direito processual civil*. 5. ed. Rio de Janeiro: Lumem Juris, 2001. v. 2.

CAMBLER, Everaldo. Fraude de execução. *Revista de Processo*, São Paulo, v. 15, n° 58, p. 157-161, abr./jun. 1990.

CARMONA. Carlos Alberto. *Em torno do processo de execução*: processo civil – Evolução – 20 anos de vigência. São Paulo: Saraiva, 1995.

CARNELUTTI, Francesco. *Lezioni di diritto processuale civile*. Pádua, 1929. v. 5.

———. *Sistema de direito processual civil*. Tradução Hiltomar Martins Oliveira. São Paulo: Classic Book, 2000. v. 2.

CARPENA, Márcio Louzada. Da efetividade do processo de execução: alterações dos arts. 652 e 737 do Código de Processo Civil. *Revista da AJURIS*, Porto Alegre, v. 26, n° 77, p. 378-390, mar. 2000.

CARVALHO, Ernesto Antunes de. Reflexões sobre a configuração da fraude de execução segundo a atual jurisprudência do STJ. In: SHIMURA, Sérgio; WAMBIER, Teresa Arruda Alvim (Coord.) *Processo de execução*. São Paulo: Editora Revista dos Tribunais, 2001. v. 2, p. 314-342.

CARVALHO, Paulo de Barros. *Curso de direito tributário*. 4. ed. São Paulo: Saraiva, 1991.

———. ———. 17. ed. São Paulo: Saraiva, 2005.

CASCONI, Francisco Antônio. Fraude de execução. Disponível em: <http://www.professoramorim.com.br/amorim/texto.asp?id=21>. Acesso em 23 jan. 2006.

CASTRO, Amílcar de. *Comentários ao Código de Processo Civil*. São Paulo: Revista dos Tribunais, 1974.

———. *Do procedimento de execução*. 2. ed. Obra atualizada e revisada por Stanley Martins Frasão e Peterson Venites Komel Júnior. Rio de Janeiro: Forense, 2000.

CASTRO, José Antônio de. *Execução no código de processo civil*: doutrina, prática, jurisprudência. 3. ed. São Paulo: Saraiva, 1983.

CHIMENTI, Ricardo Cunha. *Direito tributário*. 3. ed. São Paulo: Saraiva, 2001.

CHIOVENDA, Giuseppe. *Instituições de direito processual civil*. Campinas: Bookseller, 1998. v. 1.

COELHO, Fábio Ulhoa. *Curso de direito civil*. São Paulo: Saraiva, 2003. v.1.

CORRÊA, Wilson Leite. Da fraude de execução: aspectos polêmicos. Disponível em: <http://www1.jus.com.Br/doutrina/texto.asp?id=3624> Acesso em: 15 ago. de 2004.

COSTA E SILVA, Antônio Carlos. *Tratado do processo de execução*. São Paulo: Sugestões Literárias, 1976.

———. ———. 2. ed. Rio de Janeiro: Aide, 1986.

COUTURE, Eduardo J. *Fundamentos del derecho processal civil*. 3. ed. Buenos Aires: Depalma, 1990.

———. *Fundamentos do direito processual civil*. São Paulo: Saraiva, 1946.

DELMANTO, Celso. *Código penal comentado*. São Paulo: Renovar, 1986.

DIAS, Maria Berenice. Fraude à execução: algumas questões controvertidas. *Revista da AJURIS*, Porto Alegre, v. 17, n° 50, p. 72-81, nov. 1990.

DIAS, Ronaldo Brêtas de Carvalho. *Fraude no processo civil*. 2. ed. Belo Horizonte: Del Rey, 2000.

DIEZ-PICAZO, Luiz; GUILLON, Antonio. *Sistema de derecho civil*. Madri: Tecnos, 1976. v. 2.

DINAMARCO, Cândido Rangel. Instituições de direito processual civil. São Paulo: Malheiros, 2004. v. 4.

——. Execução civil. 8. ed. São Paulo: Malheiros, 2002.

——. A reforma do Código de Processo Civil. São Paulo: Malheiros, 1996.

DINIZ, Maria Helena. Código civil anotado. 5.ed. São Paulo: Saraiva, 1999.

ENGISCH, Karl. Introdução ao pensamento jurídico. 5. ed. Lisboa: Calouste Gulbenkian, 1946.

ERPEN, Décio Antônio. A Declaração da fraude à execução: conseqüências e aspectos registrais. Revista dos Tribunais, São Paulo, v. 81, n° 675, p. 17-20, jan. 1992.

——. A fraude à execução e o desprestígio da função jurisdicional. Direito e Justiça, Porto Alegre, v. 12, n° 14, p. 224-248, p. 1990.

FADEL, Sérgio Sahione. Código de Processo Civil comentado. Rio de Janeiro: José Konfino, 1973. v. 3.

FERREIRA, Fernando Amâncio. Curso de processo de execução. Coimbra: Livraria Almedina, 1999.

FERREIRA, William Santos. Situação jurídica no processo do adquirente de bem litigioso e dos herdeiros e sucessores no caso de falecimento da parte diante do novo Código Civil. In: DIDIER JÚNIOR, Fredie; ALVIM, Teresa Arruda (Coord.) Aspectos polêmicos e atuais sobre terceiros no processo civil: e assuntos afins. São Paulo: Revistados Tribunais, 2004, p. 1049-1096.

FERREIRA DOS SANTOS, Evaristo Aragão. Sobre as partes e terceiros na execução forçada. In: DIDIER JÚNIOR, Fredie; ALVIM, Teresa Arruda (Coord.) Aspectos polêmicos e atuais sobre terceiros no processo civil: e assuntos afins. São Paulo: Revista dos Tribunais, 2004.

FORNACIARI JÚNIOR, Clito. Os atos atentatórios à dignidade da Justiça. In: TEIXEIRA, Sálvio de Figueiredo (Coord.) A reforma do Código de Processo Civil. São Paulo: Saraiva, 1996, p. 567-575.

——. A reforma processual civil: artigo por artigo. São Paulo: Saraiva, 1996.

FREITAS, José Lebre de. A acção executiva. Coimbra: Coimbra, 1993.

FUX, Luiz. Curso de direito processual civil. 2.ed. Rio de Janeiro: Forense, 2004.

GALINDO GARFIAS, Ignácio. Derecho civil: primer curso. 2. ed. México: Porrúa, 1976.

GOLDSCHMIDT, James. Direito processual civil. Tradução Lisa Pary Scarpa. Campinas: Bookseler, 2003. v. 2.

GRECO, Leonardo. As garantias fundamentais do processo de execução fiscal. In: Execução civil: aspectos polêmicos. São Paulo: Dialética, 2005.

——. O processo de execução. Rio de Janeiro: Renovar, 1999.

GRECO FILHO, Vicente. Direito processual civil brasileiro. 16. ed. São Paulo: Saraiva, 2003.

GREGER, Reinhard. §265. In: ZÖLLER, Richard. Zivilprozeβordnung. 21. ed. Colonia: Dr. Otto Schmidt, 1999.

GRINOVER, Ada Pellegrini. Tutela Jurisdicional nas obrigações de fazer e não fazer. Revista da AJURIS, Porto Alegre, n° 65, 1996.

JAUERING, Othmar. Zwangsvollstreckungs – und insolvenzrecht. 21. ed. Munique: Beck, 1999.

JESUS, Damásio E. de. Código penal anotado. 5. ed. São Paulo: Saraiva, 1995.

LARENZ, Karl. Derecho civil: parte general. Madri: Revista de Derecho Privado, 1978.

LIEBMAN, Enrico Tullio Execução e ação executiva. In: Estudos sobre o processo civil brasileiro. São Paulo: Saraiva, 1947.

——. Estudos sobre o processo civil brasileiro: com notas de Ada Pellegrini Grinover. São Paulo: Bushatsky, 1976.

——. Processo de execução. 3. ed. São Paulo, 1968.

——. ——. 5. ed. São Paulo: Saraiva, 1986.

——. ——. São Paulo: Bestbook, 2003.

_____. Il titolo esecutivo riguardo ai terzi. *Rivista di Diritto Processuale Civile*, Milano, v. 11, nº 1, 1934.

LIMA, Alcides de Mendonça. *Comentários ao Código de Processo Civil*. Rio de Janeiro: Forense, 1974.

LOPES-CARDOSO, Eurico. *Manual da acção executiva*. Coimbra: Almedina, 1992.

MACHADO, Hugo de Brito. *Comentários ao Código Tributário Nacional*. São Paulo: Atlas, 2005. v. 3.

MAGALHÃES NORONHA, E. *Direito penal*. 8. ed. São Paulo: Saraiva, 1973. v. 2.

MAIERINI, Angelo. *Della Revoca degli atti fraudolenti*. 4. ed. Firenze: Fratelli Camelli, 1912.

MARQUES, José Frederico. *Manual de direito processual civil*. São Paulo: Saraiva, 1986-87. v. 4.

_____. _____. Campinas: Bookseller, 1997. v. 4.

MELLO, Marcos Bernardes de. *Teoria do fato jurídico*: plano da eficácia. 2.ed. São Paulo: Saraiva, 2004.

MICHELI, Gian Antonio. *Derecho procesal civil*. B. Aires: Europa-America, 1970. v. 3.

MILHOMENS, Jônatas; ALVES, Geraldo Magela. Manual das execuções. Rio de Janeiro:Forense, 1999.

MONDAINI, Flávio. Presunção de Fraude à execução: garantia do crédito tributário do INSS regularmente inscrito como dívida ativa em fase de execução. *Revista da Procuradoria Geral do INSS*, Brasília, v. 4, p. 4-36, 2000.

MONIZ DE ARAGÃO. E. D. O processo civil no limiar de um novo século. *Revista da AJURIS*, Porto Alegre, v. 26, nº 79, p. 281-300, set. 2000.

MONTEIRO, Washington de Barros. *Curso de direto civil*. São Paulo: Saraiva, 1989.

MONTENEGRO FILHO, Misael. *Curso de direito processual civil*. São Paulo: Atlas, 2005. v. 2.

MOURA, Mário Aguiar. *O processo de execução segundo o código de 1973*. Porto Alegre: PUC/EMMA, 1975. v.1.

MUÑOZ SABATÉ, L. L. El embargo y los terceros: conductas de colaboración y de frutración. *Revista Jurídica de Catalunya*, Barcelona, nº 1, p. 139-148, 1993.

NASCIMENTO, Cláudio Nunes do. *Execução forçada: antiga ação executiva de acordo com o novo código de processo civil e normas da Convenção de Genebra*. São Paulo: Saraiva, 1974.

NERY JUNIOR, Nelson; NERY, Rosa Maria de Andrade. *Código de Processo Civil comentado*. 8. ed. São Paulo: Revista dos Tribunais, 2004.

NEVES, Celso. *Comentários ao Código de Processo Civil*. Rio de Janeiro: Forense, 1999. v. 7: arts. 646 a 795.

NONATO, Orosimbo. *Fraude contra credores: da ação pauliana*. Rio de Janeiro: Editora Jurídica e Universitária, 1969.

NUCCI, Guilherme de Souza. *Código penal comentado*. São Paulo: Revista dos Tribunais, 2000.

OLIVEIRA, José Sebastião de. *Fraude à execução*. 2. ed. São Paulo: Saraiva, 1998.

OLIVEIRA NETO, Olavo de. O reconhecimento judicial da fraude de execução. In *Execução civil: aspectos polêmicos*. São Paulo: Dialética, 2005.

ONERAR. In: SILVA, De Plácido e. *Vocabulário jurídico*. Rio de Janeiro, 2000.

PACHECO, José da Silva. *Tratado das execuções*. São Paulo: Saraiva, 1975.

PAES, Paulo Roberto Tavares. *Fraude contra credores*. São Paulo: Revista dos Tribunais, 1979.

PAVAN, Dorival Renato; CARVALHO, Cristiane Costa. Da necessidade do registro da penhora como condição para se operar a fraude à execução: algumas considerações. *Revista dos Tribunais*, São Paulo, v. 87, nº 748, p. 132-143, fev. 1998.

PEREIRA, Caio Mário da Silva. *Instituições de direito civil*. 8. ed. Rio de Janeiro: Forense, 1993. v. 1.

PEREIRA, Régis Velasco Fichtner. *A fraude à lei*. Rio de Janeiro: Renovar, 1994.

PONTES DE MIRANDA, Francisco Cavalcanti. *Comentários ao Código de Processo Civil.* Rio de Janeiro: Forense, 1976.

——. ——. Rio de Janeiro: Forense, 2002. v. 9.

——. *Tratado de direito privado.* Atualizado por Vilson Rodrigues Alves. Campinas: Bookseller, 1999. v.1.

——. ——. Atualizado por Vilson Rodrigues Alves. Campinas: Bookseller, 2000. v. 4.

——. ——. Atualizado por Vilson Rodrigues Alves. Campinas: Bookseller, 2000. v. 9.

PRADO, Luiz Regis. *Curso de direito penal brasileiro.* 2. ed. São Paulo: Revista dos Tribunais, 2002. v. 2.

RAMOS MÉNDEZ, Francisco. *Derecho procesal civil.* Barcelona: Bosch, 1992. v. 2.

REIS, José Alberto dos. *Processo de execução.* 2. ed. Coimbra: Coimbra, 1982. v. 1.

RESENDE, Ivana H. Ueda. A alienação de coisa litigiosa e a alienação de coisa sobre que incida constrição judicial. *Revista dos Tribunais,* São Paulo, v. 87, nº 749, p. 169-177, mar. 1998.

SABAGG, Eduardo de Moraes. *Direito tributário.* São Paulo: Siciliano Jurídico, 2004.

SALAMACHA, José Eli. *Fraude à execução:* direitos do credor e do adquirente de boa-fé. São Paulo: Revista dos Tribunais, 2005.

SANTOS, Ernani Fidélis dos. *Manual de direito processual civil.* 9. ed. São Paulo: Saraiva, 2003. v. 2.

SANTOS, Moacyr Amaral. *Primeiras linhas de direito processual civil.* São Paulo: Saraiva, 1999.

——. ——. 21. ed. São Paulo: Saraiva, 2003. v. 3.

SANTOS, Ulderico Pires. *O processo de execução na doutrina e na jurisprudência.* 2. ed. Rio de Janeiro: Forense, 1986.

SATTA, Salvatore. *L'esecuzione forzata.* 4. ed. Torino. Unione Tipográfico, 1963.

——; PUNZI, Carmine. *Diritto processuale civile.* 13. ed. Padova: CEDAM, 2000.

SILVA, Ovídio Baptista da. *Curso de processo civil.* 4. ed. São Paulo: Revista dos Tribunais, 2000.

SOUZA, Gelson Amaro de. *Fraude à execução e o direito e defesa do adquirente.* São Paulo: Juarez de Oliveira, 2002.

——. Fraude à execução sob nova visão. *Revista Nacional de Direito e Jurisprudência,* nº 55, p. 34-45, jul. 2004.

SPAGNOL, Werther Botelho. *Curso de direito tributário.* Belo Horizonte: Del Rey, 2004.

TEIXEIRA, Sálvio de Figueiredo. Fraude à execução. *Revista da AJURIS,* Porto Alegre, v. 12, nº 37, p. 224-237, jul. 1986.

TEIXEIRA DE SOUZA, Miguel. *Acção executiva singular.* Lisboa: Lex, 1998.

TESHEINER, José Maria Rosa. Responsabilidade patrimonial. Disponível em: <http://www.tex.pro.br.> Acesso em: 20 jan. 2006.

THEODORO JÚNIOR, Humberto. *Comentários ao novo Código Civil.* Rio de Janeiro: Forense, 2003. v. 3. t. 1.

——. *Curso de direito processual civil.* 38. ed. Rio de Janeiro: Forense, 2005. v. 2.

——. Execução: rumos atuais do processo civil em face da busca de efetividade na prestação jurisdicional. *Revista Jurídica,* Porto Alegre, nº 251, p. 5-22, set. 1998.

——. *Fraude contra credores:* a natureza da sentença pauliana. Belo Horizonte: Del Rey, 1996.

——. Fraude contra credores e fraude de execução. *Revista Síntese de Direito Civil e Processual Civil,* Porto Alegre, v. 2, nº 11, p. 141-159, maio/jun. 2001.

——. Negócio jurídico. Existência. Validade. Eficácia. Vícios. Fraude. Lesão. *Revista dos Tribunais,* São Paulo, v. 89, nº 780, p. 11-28, out. 2000.

——. *Processo de execução.* 22. ed. São Paulo: Leud, 2004.

VASQUEZ BARROS, Sérgio. *Las tercerías*: bienes embargables, bienes inembagables. 2.ed. Barcelona: Bosch, 2005.

VENOSA, Silvio de Salvo. *Direito civil*: parte geral. São Paulo: Atlas, 2001.

VIANNA, Aldyr. *Lições de direito processual civil*. Rio de janeiro: Forense, 1985.

VIANNA, Ataliba. *Inovações e obscuridade do Código do Processo Civil e Comercial Brasileiro*. São Paulo: Livraria Martins, 1940.

WAMBIER, Luiz Rodrigues; ALMEIDA, Flávio Renato Correia de; TALAMINI, Eduardo. *Curso avançado de processo civil*. 5. ed. São Paulo: Revista dos Tribunais, 2002. v. 2.

YOSHIKAWA, Eduardo Henrique de Oliveira. Do caráter objetivo da fraude à execução e suas conseqüências: artigo 593, II, do CPC. *Revista Dialética de Direito Processual*, São Paulo, nº 25, p. 42-49, abr. 2005.

ZAVASCKI, Teori Albino. Comentários ao código de processo civil. São Paulo: *Revista dos Tribunais*, 2000. v. 8: Do processo de execução, arts. 566 a 645.

Impressão:
Evangraf
Rua Waldomiro Schapke, 77 - P. Alegre, RS
Fone: (51) 3336.2466 - Fax: (51) 3336.0422
E-mail: evangraf.adm@terra.com.br